JON

MUITO ALÉM DOS

VLOGS

JON VLOGS

MUITO ALÉM DOS

CONFISSÕES DE UM YOUTUBER **QUASE NORMAL**

astral cultural

Este livro foi revisado segundo o Novo Acordo Ortográfico da Língua Portuguesa.

Editora responsável Tainã Bispo
Produção editorial Aline Santos, Bárbara Gatti, Fernanda Costa, José Cleto, Luiza Marcondes e Natália Ortega
Fotos Rodrigo Lopes e Arquivo pessoal
Ilustrações Shutterstock Images
Capa Agência MOV

Dados Internacionais de Catalogação na Publicação (CIP)
Angélica Ilacqua CRB-8/7057

K89j Kovarik, Luan
Jon vlogs / Luan Kovarik. -- Bauru, SP : Astral Cultural, 2018.
160 p. : il.

ISBN: 978-85-8246-687-2

1. Autobiografia
2. YouTube (Recurso eletrônico) I. Título

18-0145 CDD 920

Índice para catálogo sistemático:
1. Biografia

astral cultural
ASTRAL CULTURAL É A DIVISÃO LIVROS DA EDITORA ALTO ASTRAL.

BAURU
Rua Gustavo Maciel, 19-26
CEP 17012-110
Telefone: (14) 3235-3878
Fax: (14) 3235-3879

SÃO PAULO
Rua Tenerife, 31 - Conj. 21 e 22
CEP 04548-904
Telefone/Fax: (11) 3048-2900

E-mail: contato@astralcultural.com.br

Dedico este livro ao meu avô,
seu Vitor, que sempre guiou
meus passos e hoje é a estrela
mais brilhante do meu céu.

Agradecimentos

A minha família, que nunca mediu esforços para que eu realizasse meus sonhos.

Aos meus amigos, que me apoiaram nos momentos mais difíceis e celebraram comigo cada vitória dessa jornada.

A você, que está prestes a embarcar em mais essa aventura ao meu lado!

Obrigado por dividirem (mais) esse sonho comigo!

sumário

CHEGA PRA CÁ!

Fala, galera! Beleza? Vocês pediram e, pra mim, desejo do clã é uma ordem! Aqui está meu primeiro livro! Uhuuu!

Olha, pra falar a verdade, eu ainda não estou acreditando que temos páginas em carne e osso, ou melhor, tinta e papel! Hahaha. **Estou muito feliz com mais essa conquista que é toda nossa!**

Então, vou começar agradecendo a você, afinal, se não fosse a sua vontade de embarcar comigo em mais essa aventura, nós não teríamos chegado até aqui. **Obrigado por isso!**

Gratidão é a palavra que melhor define este meu momento. Eu nunca imaginei que iríamos tão longe com os vlogs! Foram vocês que me motivaram e me fizeram voar cada vez mais alto. O que eu desejo hoje é poder produzir mais e melhor para continuar a levar alegria e diversão pra vocês!

Falando em diversão, acho que isso não vai faltar por aqui! A ideia com este livro é que, assim como no YouTube, você dê bastante risada, descubra um pouco mais sobre a vida aqui nos Estados Unidos e consiga **enxergar o mundo de forma mais positiva.** Eu tentei trazer todos os conteúdos mais pedidos nas minhas redes sociais junto com dicas e curiosidades que nem sempre conseguimos mostrar nos vlogs, tudo de forma bem interativa. **Modéstia à parte, tá bem maneiro!**

Essa também é uma forma de estarmos mais próximos. Estou contando que você vai encarar os desafios que espalhei ao

longo destas páginas e me mostrar seus resultados. Mas é pra postar, hein?! É só usar a hashtag **#LivroJonVlogs**. Tá tudo explicadinho mais pra frente! ☺

E temos por aqui **muitos QR codes de links pra você relembrar alguns vídeos que valem o play ou o replay.** Falando nisso... Já deixou seu like no último vídeo do canal? Hmmm... Corre lá pra conferir, eu espero de boas, sou paciente...

E já que eu vou ficar esperando, confere aí se você está ligado em todas as minhas redes sociais. Você não vai querer perder nadinha, né, não?

- ✓ INSTA: @jonvlogs
- ✓ FACE: https://www.facebook.com/jonvlogsoficial
- ✓ Twitter: @jonvlogs
- ✓ SNAP: lkovarik
- ✓ YOUTUBE: Jonvlogs

Depois desse checklist, é hora de virar a página para começarmos essa aventura!

Vem comigo!

Jon Vlogs

CAPÍTULO 1

MUITO ANTES DOS VLOGS

Quem me vê no canal, falando e mostrando meu dia a dia, não deve imaginar o que havia antes de todas as idas e vindas entre países que eu amo e do início do canal. **Quem aí não gosta de ficar olhando fotos antigas e recordando momentos incríveis?** É top, né?

Quando a gente é criança, nem liga muito pro que tá rolando, às vezes eu queria que tudo ainda fosse assim, viver o momento, sem preocupações.

Não que eu tenha mudado muito, mas é aquela coisa, né? **A gente cresce e com isso surgem tantas coisas de "gente grande", que cansa**

qualquer um. Que tal deixar esse papo chato pra lá e ver a seleção de fotos maneira que preparei pra vocês? Isso aí, agora vocês irão conhecer um pouquinho mais do Jon, muito antes dos vlogs! Hahaha

Estilo é para poucos =)

Mãe,
como você
fez isso
comigo?

Aquelas
lembranças
que dão uma
saudade...

Não levo
jeito para
isso, não!

Atacando a
comida antes
da hora!

Momento mais
que especial.
Casamento da
minha mãe!

Paixão pelos carros
(e caminhões)
desde pequeno!

E, aí? Curtiu? Bom, agora que você já está um pouco mais por dentro da vida do pequeno Jon, acho que tá preparado pro que vai rolar nos próximos capítulos... **Hora de aterrissarmos no que essas fotos não revelaram.** Bora lá?

CAPÍTULO 2

TODA HISTÓRIA

TEM UM COMEÇO...

... e a minha se inicia em 1999, quando nasci no interior do Rio de Janeiro, em Macaé. Vivi por lá até os meus sete anos, quando meu padrasto (que é norte-americano) foi transferido para os Estados Unidos. Fizemos as malas e embarcamos todos para a América do Norte — **minha mãe, ele e eu.**

Não posso dizer que estava empolgado com essa aventura. **Eu não sabia uma palavra em inglês!** Como iria brincar em uma vizinhança que não falava a mesma língua que eu?! Tenso, né? Eu estava com bastante medo do que iria enfrentar nessa nova realidade, mas minha mãe, que já falava inglês fluentemente, **estava decidida que eu iria aprender na marra** — acho que é porque ela já sabia que não seria tão difícil quanto eu imaginava. Mãe é mãe, né?

Desembarcamos em Houston, uma das principais cidades do Texas, e comecei a frequentar a escola.

Eu não sabia nem como pedir pra ir ao banheiro!

Em pouco tempo, sem falar quase nada em inglês, lá fui eu, com a cara e a coragem das crianças que precisam de um amigo pra chamar de seu, bater na casa do vizinho para chamá-lo para brincar na rua. Imaginem a minha surpresa quando descobri que a vida nos EUA não era tão simples como no Brasil: **brincar na rua só depois de fazer todos os deveres da escola.** Eu não estava preparado pra essa regra! Em Macaé, as lições ficavam para o fim do dia, e a tarde se resumia em brincar, brincar e brincar... Frustração total! Mas depois, entrei no ritmo e me adaptei a cultura. Meus vizinhos me ajudaram muito e me estimularam a pensar e a falar em inglês. Eu fui muito encorajado e, em seis meses, já estava mandando bem no idioma e tinha feito amizades na escola e na vizinhança. **Grande garoto! Hahaha**

A vida seguiu tranquilamente nos cinco anos seguintes. A gente visitava o Brasil nas férias e recebia meus avós nos EUA de tempos em tempos. Acreditem ou não, eu era um bom aluno e adorava jogar videogame, desde os tempos do PlayStation 2 — aquele console enooorme, que era sonho de consumo das crianças nos anos 2000 — esse era meu hobby favorito.

Quando eu estava com 12 anos, uma nova transferência do meu padrasto nos fez mudar para o outro lado do mundo. **A gente foi parar na Coreia do Sul!** Nós passamos seis meses no continente asiático e o que eu posso dizer sobre essa experiência é que foram dias muito loucos! Tudo é muito diferente, a começar pelo alfabeto coreano que não tem nada a ver com o nosso, **são desenhos completamente indecifráveis para um leigo como eu!**

Apesar de termos vivido nos Estados Unidos até então, **a Coreia do Sul é que, sim, nos parecia primeiro mundo!** Tudo era muito avançado, principalmente a tecnologia, e coisas que até então não existiam nos EUA já faziam parte do universo sul-coreano. Os hipermercados de lá, por exemplo, tinham luzes nos tetos que indicavam vagas disponíveis para você estacionar — achamos isso o máximo! Os cinemas tinham lugares marcados para não rolar filas — foi a primeira vez na vida que a gente escolheu os assentos antes de entrar na sala! **Nada disso havia atravessado os oceanos ainda!**

Você sabia?

Durante a minha temporada na Coreia, pratiquei muito um dos jogos abaixo. Ele é bastante comum por lá, figurinha carimbada em barzinhos e afins. De qual dessas alternativas estou falando, hein?!

A) *Dardo*

B) *Sinuca*

C) *Pebolim*

Resposta: Alternativa A

Eu conheci muita tecnologia nesses poucos meses em que moramos por lá, o que foi muito maneiro, porque sempre fui o tipo de garoto que adorava essas coisas. Xbox e PlayStation eram meus sonhos de consumo. Eu tive toda geração de PS, o 1, o 2, o 3, o 4, tive o Xbox 360, Nintendo, Nintendo Wii. **Haja Natal pra tanto videogame!** Sempre fui viciado, e esses eram, de longe, meus presentes preferidos. #ValeuMãe!

A gente também comia muita coisa diferente na Coreia do Sul, subia mais escadas do que eu gostaria de me lembrar e vivia uma cultura completamente diferente da nossa. Foram meses bem divertidos.

Enquanto estava lá, não frequentei uma escola local. Eu estava adiantado nos EUA, então, essa pausa acabaria me colocando na turma certa assim que voltássemos para o Brasil. Ah, era esse o plano: terminados os seis meses na Coreia do Sul, desembarcaríamos em minha terra natal, ou seja: **de volta a Macaé.**

Dessa vez, achamos que a mudança seria mais fácil, afinal eu havia nascido e morado no Brasil por sete anos, estaríamos ao lado da nossa família e tal. Tinha tudo pra dar certo, concorda?

Só que não. As coisas não foram tão simples assim!

Pra começar, **meu português estava horrível!** Eu não me lembrava de muita coisa. Isso me deixou bem inseguro e eu não queria ir pra escola de jeito nenhum! Eu só chorava. 😢

Veja bem, eu tinha saído do Brasil com sete anos e desde então, em casa, a gente só se falava em inglês. Eu conversava em português com meus avós, mas isso não deixou meu vocabulário lá grande coisa — se você parar pra pensar, **o português é um idioma bem complicado!**

Pra tentar amenizar esse problema, minha mãe me matriculou em uma escola norte-americana, ou seja, eu aprenderia grande parte do conteúdo em inglês. Mesmo assim, a comunicação não era fácil. Além disso, **as diferenças nos métodos de**

ensino eram enormes! Eu não estava acostumado com coisas supersimples para os estudantes brasileiros, como a troca de professores – nos EUA são os alunos que trocam de sala. Além disso, a grade curricular é bastante diferente... Não consegui me adaptar bem à escola e acabei mudando para um colégio brasileiro no ano seguinte. Era a temida sétima série!

Tá pensando que as coisas ficaram mais fáceis?

Que nada!

Essa escola era bem puxada e eu tive muita dificuldade para acompanhar a turma. Foram aulas e mais aulas com professores particulares para eu não perder o ano.

Como eu disse, sempre fui um bom aluno e gostava de estudar, mas as mudanças estavam dificultando as coisas para mim. Nessas horas, meu amigo, o jeito é **correr atrás do prejuízo sem pensar muito.** É a lei da vida, tem que estudar, então, não adianta sofrer! Mergulha de cabeça, porque isso vai fazer diferença no futuro, beleza?! **Anota isso aí!**

Além da dificuldade com as disciplinas, eu ainda tinha problema com a turma. Tá pensando que a galera achou supermaneira a chegada do novato aqui? Pois é... Lembra que eu disse que não tinha um vocabulário muito bom, né? Guarde essa informação...

Outra diferença bem grande entre as escolas do Brasil e dos EUA são **as apresentações de trabalho, que rolam o tempo todo nas escolas brasileiras.** Lá isso não acontecia com frequência. Ou seja, eu não estava acostumado com essa coisa de ficar na frente de todo mundo falando.

Pra dificultar minha vida, a galera zoava pra caramba meu jeito de falar — meu vocabulário era quase igual ao de uma criança. Não posso dizer que foi fácil, na verdade, foi bem difícil! Eu lembro que logo depois que apresentei um dos primeiros trabalhos para a classe, **voltei pra casa chorando e dizendo pra minha mãe que não queria mais ir pra escola** porque o pessoal só ria do meu jeito de falar...

Eu estava desanimado, queria minha vida de volta, meus amigos, minha escola... Veja bem, nada contra o Brasil, muito pelo contrário, mas o fato é que **eu não conseguia me adaptar muito bem.** Acho que eu entrei em choque com toda essa situação. Eu chorava em casa, dizendo pra minha mãe que eu não era feliz aqui e queria ir embora. Foram dois anos insistindo para voltar para os EUA! Parece drama, mas é real, viu, gente? Hahaha

Foi então que minha mãe e meu padrasto viajaram para uma feira nos EUA e pensaram que, talvez, **eu realmente devesse voltar.**

Meu padrasto achou que isso poderia ser bom para mim e para o meu futuro. Na época, eu queria estudar medicina, porque meu avô tinha problemas cardíacos e grande parte da minha família sofre com isso, então, eu queria ser cardiologista para poder ajudá-los. A ideia era que eu estudasse em uma escola maneira, para, no futuro, fazer uma faculdade conceituada.

Então, bora fazer as malas e embarcar de volta a Houston.

Próxima parada, capítulo 3!

CAPÍTULO 3

BACK TO USA

Agora, sim, eu fiquei hiperanimado com a mudança. Tudo o que eu queria estava lá, enfim, eu teria minha vida de volta, certo?

Errado!

Apesar de eu ter voltado para Houston, para morar no mesmo bairro e estudar na mesma escola de antes, muita coisa havia mudado nos três anos em que fiquei fora. Imagina só, saí com 12 anos e voltei com 15, ou seja, **perdi aquela fase de transição entre infância e adolescência.** Os grupinhos não eram mais os mesmos, os amigos estavam namorando ou em outra vibe, quer dizer, nada foi tão simples como eu estava

esperando. Se o problema de vocabulário estava resolvido, agora o pessoal me zoava porque eu era pequeno, tinha cara de criança... Resumindo a história: **deu ruim de novo, mano!**

Mas, vida que segue... Essas chatices também passam. Eu posso dizer por experiência própria que essa zoeira pode ser muito chata, mas a gente tem que ir procurando outros focos pra não perder a boa. **Você já deve estar imaginando qual foi o meu,** mas calma aí, que ainda não chegamos lá!

Precisamos falar sobre bullying, sim!

Quem me vê nos vlogs pode não imaginar que já tive que encarar uns maus bocados. Quando eu voltei para os EUA eu era magro e bem menos desenvolvido do que a galera. Meu corpo se desenvolveu mesmo só aos 17 anos, por isso, quem já tinha passado por essa fase aos 14 ou 15 anos me zoava muito. Não era uma brincadeira que eu levava na esportiva, isso me incomodava, mas eu sempre tentei não me deixar afetar, porque eu sabia que uma hora o jogo ia virar. O importante era seguir em frente com meus sonhos. Quando eu criei o canal, eles continuaram me zoando. Hoje, eu só mostro os números que eu alcancei e ninguém fala nada. Quando bati os 100 mil inscritos, eles queriam aparecer nos vlogs. Ou seja, o jogo virou! Nenhuma situação que vivemos é definitiva. Se hoje você está perdendo, amanhã pode ganhar. O importante é seguir firme, manter seus amigos por perto e acreditar que você é capaz de realizar seus sonhos.

Não vou mentir pra você, rolaram vários momentos em que eu quis desistir mesmo e cheguei a dizer pra minha mãe que eu achava que devia ir embora para o Brasil novamente. **Eu não esperava me sentir perdido ao voltar para os EUA** e foi exatamente isso que aconteceu nos primeiros meses...

Como eu ainda não podia morar sozinho, um primo mais velho estava dividindo a casa comigo. Depois de alguns meses, ele começou a trabalhar e, então, eu passava bastante tempo sozinho. **Nessa época, eu jogava muitos games no computador, quase não saía pra rua.** Minha mãe ficou com medo de que eu estivesse passando por uma fase depressiva e vivia na ponte aérea: passava uns meses comigo, outros no Brasil.

Meu avô também ia pra Houston direto me fazer companhia. Ele e minha mãe se alternavam, enquanto um deles estava comigo nos Estados Unidos, o outro ficava no Brasil, cuidando da minha avó, que tem Alzheimer e precisa de atenção especial.

Meus grandes amores!

Eles ficaram entre idas e vindas por mais de um ano, até recebermos a notícia que mudaria nossa vida para sempre: meu avô havia sofrido um infarto no Brasil e não estava mais conosco. Perdemos o chão, o nosso porto seguro havia partido. Nossos corações ficaram totalmente despedaçados. **Não desejo essa dor pra ninguém, de verdade mesmo.**

Quem acompanha meu canal desde o começo, com certeza viu o seu Vitor várias vezes! Pra mim, ele sempre foi muito mais que um avô, foi o melhor pai que eu poderia sonhar em ter. **Sou eternamente grato por essa presença tão iluminada em minha vida!** ❤

Ele era meu parceiro em tudo!

Sem o meu avô por aqui, tivemos que nos readaptar — foi absurdamente difícil, mas seguir em frente era preciso. Ele não aceitaria que fizéssemos qualquer coisa diferente disso.

Como minha mãe também é filha única, ela não poderia mais passar tanto tempo comigo em Houston, porque minha avó precisava mais dela do que eu.

Essa foi a hora de encarar sozinho a vida nos Estados Unidos. Vou falar a real pra você, não foi nada fácil... Acho que eu segurei muito a emoção enquanto estava no Brasil para o funeral do meu avô. Na verdade, eu não conseguia acreditar que aquilo estava acontecendo...

Voltei para os EUA sozinho e fiquei muito deprimido. Eu não conseguia me perdoar por não ter me despedido do meu avô. Tudo bem que ele não estava doente quando infartou, então, não tínhamos como imaginar que ele iria partir, mas no dia anterior ele me ligou pra dar um "oi" e eu estava tão cansado que não atendi o celular... Você não imagina o que eu daria pra ter atendido aquela ligação... O que fica é a lição para nunca mais perder a chance de conversar com quem eu amo.

Esse é um conselho no qual eu sempre insisto: **não deixe passar o momento de falar com as pessoas que realmente fazem a diferença na sua vida.** Não perca essa chance por nada.

O momento não dura pra sempre.
Você tem que aproveitá-lo,
porque em um segundo você pode perdê-lo.
Não corra esse risco!

Minha situação não era animadora. Estava sem vontade alguma, sem fome, com a imunidade lá embaixo. Resultado: vivia doente. Cada semana uma gripe nova.

Nessa fase, pensei de verdade em desistir do canal. Chegou um dia em que liguei pra minha mãe e disse: **"Vou fechar o canal. Não quero mais gravar vídeos, não quero fazer mais nada"**. O vlog não estava indo mal, mas eu não tinha a menor vontade de fazer qualquer coisa. Eu só estava existindo, sobrevivendo aos dias... Postava um vídeo por semana, fui meio que empurrando, sabe?

Minha salvação foi um amigo do Brasil, o Paulo, que foi passar um tempo comigo. A gente se conhece desde criança, já éramos amigos antes de eu sair de Macaé pra vir com minha família para os EUA, aos sete anos. A ideia dele era ficar um mês por aqui, mas ele acabou estendendo a visita e ficou em Houston por seis meses. **Foi fundamental ter alguém por perto nessa fase de luto.** Se não fosse a companhia e o incentivo do Paulo, não sei se teria conseguido voltar ao normal. Ele me ajudou muito a tirar a cabeça dos problemas e encontrar forças pra seguir em frente.

Se você estiver passando por algo parecido (eu torço para que não!), **não se feche.** Não existe nada errado em precisar de ajuda, sacou?

#tamojunto

CAPÍTULO 4

ABRINDO O JOGO

Preparei uma enquete com várias perguntas — das básicas às filosóficas — para que você possa conhecer melhor minhas ideias e descobrir curiosidades que eu não costumo revelar nos vlogs nossos de cada dia. Espero que você curta! **Ah, este capítulo termina com uma surpresinha.** Segura a curiosidade e segue o fluxo.

Partiu?

No RG: Luan Kovarik

Nasci em: Macaé, em 22/09/1999

Meu objeto preferido: computador e celular. Não dá pra escolher um só!

O carro dos meus sonhos: Lamborghini Gallardo ♥

Daqui há 10 anos, eu me imagino... Expandido minhas possibilidades pra além do YouTube. A ideia é seguir trabalhando com entretenimento em outras áreas também.

Brasil ou EUA? Cada lugar tem pontos positivos e negativos... Por enquanto, eu pretendo seguir morando nos EUA. Mas o futuro está aberto. Se surgirem oportunidades que me atraiam no Brasil, faço as malas rapidinho!

Eu não sou... Tímido. Não tenho problema em puxar a câmera no meio de todo mundo, não. Às vezes, até bate um pouco de vergonha, porque dependendo do momento, chama a atenção de geral. Mas não dá pra falar que eu sou tímido, de jeito nenhum!

Eu sugiro que todos experimentem... Dar amor àqueles que você ama hoje, porque ninguém sabe como será o dia de amanhã.

O conselho mais útil que eu posso dar às pessoas: certas obrigações da vida são necessárias para podermos fazer o que amamos. Ou seja, estude hoje para conquistar seus sonhos amanhã!

Eu gostaria de saber falar: mandarim. Acho que essa é a próxima língua do mundo.

Se eu ficasse invisível durante uma hora, eu iria... Trollar meus amigos e minha mãe! Não consigo pensar em nada mais divertido do que isso!

Se eu pudesse jantar com qualquer pessoa do mundo, eu escolheria... Megan Fox ❤

Se eu pudesse chamar qualquer pessoa do mundo para gravar um vlog comigo, eu chamaria... Nossa, tem muita gente que eu chamaria, toda a galera em quem eu me inspiro, tipo o Roman Atwood (youtuber norte-americano). Ele seria um ótimo convidado!

O esporte que eu mais gosto de assistir: eu não acompanho muito, mas gosto de assistir futebol.

O melhor livro que eu já li: gosto de livros de mistério. Curti muito *Maze Runner*, do James Dashner.

A melhor coisa que já me aconteceu: ter a chance de viajar por vários países!

O que eu faria hoje se não houvesse mais amanhã: eu ia atrás da minha Lamborghini Gallardo e ia curtir com ela e com toda a minha família o tempo que restasse!

Quando estou na bad eu... Fico quieto, na minha e tento dormir pra esquecer o que está acontecendo. Geralmente, eu acordo mais animado.

Quais são as pequenas coisas que me deixam realmente feliz? Estar com a minha família.

Meu ator favorito: Dwayne Johnson.

Filme que eu não canso de assistir: *Velozes e Furiosos.*

Minhas séries favoritas são: *Prison Break* e *Blindspot.*

A coisa mais estúpida que eu já fiz foi... Peguei o carro quando eu era criança e saí dirigindo sem noção alguma. Deu tudo certo, mas, por favor, não faça isso em casa, ok?

Do que eu tenho certeza? De que vou tentar realizar todos os meus sonhos.

A decisão mais certa que eu já tomei na vida: vir para os EUA morar sozinho.

Uma coisa que estraga meu dia: brigar com a minha mãe.

A melhor forma de me divertir é: sair com meus amigos.

Minha maior teimosia: se eu tenho uma coisa fixada na minha cabeça, dificilmente mudo de opinião. Pra mim, aquilo vai ser sempre certo.

Se eu pudesse voltar no tempo para falar comigo mesmo, eu diria... Para eu passar mais tempo com o meu avô.

Um mau hábito que eu preciso perder: correr de carro. Não vale o risco!

Se pudesse mudar algo no passado, o que seria? Minha alimentação. Comia muito errado quando era pequeno!

O que me faz perder a paciência? Pessoas que ficam perguntando a mesma coisa várias vezes... Eita, coisa irritante!

Se eu tivesse só um desejo para ser atendido por um gênio da lâmpada, eu pediria: pra ele manter toda a minha família ao meu lado, como estávamos há alguns anos: minha avó com saúde e meu avô por aqui.

Meu maior orgulho: ter chegado a um milhão de inscritos no YouTube. Cresci praticamente sozinho, sem ter aparecido em canais grandes. Isso é muito irado!

Vale tudo para realizar um sonho? Eu diria que sim, mas é claro que depende muito do sonho. Vê lá o que você tá sonhando antes de seguir meu conselho, hein?! Tem uns sonhos muito doidos por aí!

As lições mais importantes que a vida me ensinou: a maior delas foi que a gente nunca sabe como vai ser o dia de amanhã.

A música que não sai da minha cabeça nesse momento é: *Cash Machine*, do D.R.A.M.

Eu gasto mais dinheiro do que deveria com: coisas de computador.

Meus games favoritos: PUB, H1Z1 e CS: GO.

Se eu fosse um super-herói eu seria... O Flash. Imagina não ter que pegar avião pra chegar ao Brasil? Brasil—EUA em cinco minutinhos?! Seria demais!

Ufa! Esquentei a cabeça pra responder todas essas perguntas. **Tá achando que é fácil, né?** Aqui vai meu desafio, então: caneta em mãos e cronômetro ligado, que é a sua vez de responder. Quero só ver se, em termos de autoconhecimento, você tá melhor que eu! Topa?

Bora escrever!

No RG: ....

Nasci em: ....

Meu objeto preferido: ....

O carro dos meus sonhos: ....

Daqui há 10 anos, eu me imagino... ....

....

Brasil ou EUA? ....

Eu não sou... ....

Eu sugiro que todos experimentem... ....

....

O conselho mais útil que eu posso dar às pessoas: ....

....

Eu gostaria de saber falar: ....

Se eu ficasse invisível durante uma hora, eu iria... ....

....

Se eu pudesse jantar com qualquer pessoa do mundo, eu escolheria... ....

Se eu pudesse chamar qualquer pessoa do mundo para gravar um vlog, eu chamaria... ....

O esporte que eu mais gosto de assistir: ....

O melhor livro que eu já li: ....

A melhor coisa que já me aconteceu: ....

....

O que eu faria hoje se não houvesse mais amanhã:

....

....

Quando estou na bad eu... ....

....

Quais são as pequenas coisas que me deixam realmente feliz? ....

....

Meu ator favorito: ....

Filme que eu não canso de assistir: ....

Minhas sérias favoritas são: ....

A coisa mais estúpida que eu já fiz foi... ....

....

Do que eu tenho certeza?

A decisão mais certa que eu já tomei na vida:

Uma coisa que estraga meu dia:

A melhor forma de me divertir é:

Minha maior teimosia:

Se eu pudesse voltar no tempo para falar comigo mesmo, eu diria...

Um mau hábito que eu preciso perder:

Se pudesse mudar algo no passado, o que seria?

O que me faz perder a paciência?

Se eu tivesse só um desejo para ser atendido por um gênio da lâmpada, eu pediria:

Meu maior orgulho: ____________

Vale tudo para realizar um sonho? ____________

As lições mais importantes que a vida me ensinou: ____________

A música que não sai da minha cabeça nesse momento é: ____________

Eu gasto mais dinheiro do que deveria com:

Meus games favoritos: ____________

Se eu fosse um super-herói eu seria... ____________

Terminei minhas respostas em: ___ minutos!

A hora da verdade!

Demorei exatos 23 minutos para escrever todas as minhas respostas! E você? Tá melhor que eu? Quero ver isso aí, mano! Tira uma foto da página anterior e me mostra seu resultado! É só postar com a tag **#LivroJonVlogs** que eu vou estar ligado acompanhando, fechou?!

CAPÍTULO 5

NASCE O CANAL

Eu gostaria de contar uma história cheia de emoção sobre como surgiu o Jon Vlogs, mas a verdade é que aconteceu quase que por acaso. Em uma das saudosas visitas do seu Vitor, meu avô, ganhei de presente uma câmera e comecei a gravar vídeos mostrando meu dia a dia. Foi uma câmera de U$200, nada muito extravagante, mas bem eficiente... **Já tá sacando onde vamos parar com essa história, né?**

O que acontece é que eu já tinha o costume de gravar lives e até que tinha uma boa galera me assistindo. Claro, nem de longe parecido com o que somos hoje, mas chegava a ter mais de oito mil pessoas me acompanhando ao vivo.

Um dia, antes de eu ganhar a câmera, comentei em uma dessas lives que ia parar com o vídeo porque ia dirigir e voltava depois. A galera ficou superempolgada, **querendo saber como é que eu já dirigia com aquela cara de criança,** fazendo várias perguntas... Essa reação me fez pensar em criar um canal em uma plataforma maior, como o YouTube — e no dia seguinte, com a câmera nas mãos, gravei o meu primeiro vídeo para o canal!

No começo, os vídeos eram supercaseiros, bem espontâneos mesmo — não que isso tenha se perdido, mas a proposta era mais simples, sem muita edição, por exemplo. Naquela época eu mesmo editava.

Não pense que aquela fase chata da turma tirando comigo acabou assim que eu resolvi dar as caras no YouTube. Quando surgiu o canal, a galera seguiu me zoando MUITO. Eu só dizia: "Beleza! Pode me zoar, um dia, eu vou chegar a 100 mil inscritos". Esse parecia um número absurdo, mas era a minha primeira meta. Existiam outras mais ambiciosas... Por exemplo, eu sonhava que, no dia em que eu me formasse, ou seja, quando terminasse o ensino médio, eu estivesse batendo um milhão de inscritos. Dito e feito: eu me formei em dezembro de 2017, com o canal batendo mais de 1,7 milhão de inscritos!

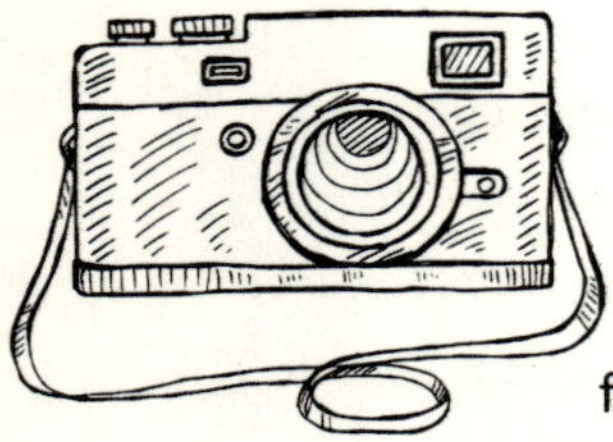

Aprendi sozinho a fazer e ia com a cara e a coragem. Hoje, eu pago um editor. Com tantos vídeos, eu não estava dando conta de fazer tudo sozinho, então, achei melhor dividir as tarefas pra não correr o risco de perder a qualidade.

A verdade é que nunca coloquei muita fé no YouTube. **O que eu sinto é que foi a galera que me escolheu, não fui eu que procurei.** Mas, conforme a audiência foi crescendo, eu cheguei a um ponto em que comecei a amar fazer vídeos. Hoje em dia, eu sinto falta se eu não gravo.

Curiosamente, eu não tinha o costume de acompanhar muitos canais. Revelação: o YouTube não era meu passatempo preferido. Nunca fui tão fã, mas, de vez em quando, eu assistia a alguma coisa gringa. Um desses Youtubers me inspirou bastante, o canal se chama *RomanAtwoodVlogs* e é sobre o dia a dia de uma família. O cara mostrava a rotina dele com os filhos, as brincadeiras... Eu meio que me reconhecia ali. Minha mãe, meu avô e eu, também vivíamos brincando, zoando um com o outro. **Eu achava bem maneiro essa possibilidade de levar diversão às pessoas.** De alegrar o dia de alguém com as nossas brincadeiras. A ideia era levar um pouco dessa energia maneira para o outro lado da tela!

Rumo ao sucesso

Uma das coisas que eu acredito que fez com que o canal desse certo é que ele era diferente dos outros. Eu mostrava a rotina nua e crua de um adolescente nos Estados Unidos. Na época, nenhum outro canal estava focado nisso.

O Jon Vlogs não estava mostrando apenas **preço de comida, ofertas de games, o que encontrar em um hipermercado...** Em 2015, existia uma modinha dentro do YouTube que estava focada nesse tipo de conteúdo. Vez ou outra, eu até postava, mas não era a prioridade do canal.

Para não me tornar mais um do mesmo, tentei evitar essa onda e foquei em gravar meu dia a dia na escola, mostrando meu caminho até o colégio, a interação com meus amigos, as zoeiras com os gringos de lá... **Esses ainda são os vídeos mais populares do canal.**

Outro vídeo bem acessado foi o que eu mostrei como tirar a carteira de motorista. Eu já sabia dirigir, mas precisava do documento. Aí fui lá e filmei os processos, mostrei que em um dia eu consegui a habilitação, que o custo era bem baixo... Tudo bem diferente do Brasil, onde você leva meses pra conseguir. Devagarzinho, fui mostrando detalhes da vida norte-americana que ninguém tinha mostrado ainda.

Hoje em dia, tem muito canal que faz isso, então, eu tentei mudar um pouco o foco e mostrar mais o meu dia a dia, minha família, o que eu gosto de fazer e outros vídeos divertidos que a galera gosta. Eu quis trazer um conteúdo que os inscritos curtam e que também seja divertido pra eu gravar, **porque**

se não for legal de fazer, dificilmente vai ser legal de assistir. Tem que ser sincero e natural. A ideia, desde o começo, foi ser eu mesmo!

Venci na vida! #sqn

Apesar de sempre ter procurado enxergar o copo meio cheio, eu não consigo definir o momento exato em que parei e disse: **"agora, sim, isso aqui deu certo! Venci na vida!"** — hahaha. Eu queria muito bater os 100K e, quando consegui, já comecei a pensar em outras metas. Não é como se eu nunca estivesse satisfeito, **mas a galera me incentiva a ir cada vez mais longe.** Ela está sempre me puxando, a cada vídeo postado. Isso me dá a certeza de que ainda podemos ir muito mais longe. Tamo junto nessa corrida?

- Primeiro vídeo a bater 1 milhão de views: "Minha casa no Brasil".

- Os mais legais de gravar: "Trollei minha mãe com 10.000 marshmallows", "Entrei no lago com um tornado???", "Pintei o carro do meu amigo sem ele saber!", "Megaescorrega dentro de casa" e todos os vídeos que foram gravados na escola — adorava fazer esses!

- Os mais difíceis de gravar: "Escalaram um guindaste nos Estados Unidos!", "Fiz uma casa de papel higiênico no Walmart" e "Acordando meu amigo na piscina", que é o vídeo mais visto do canal até o momento.

- Os mais marcantes: os vídeos que gravei com os meus inscritos na BGS, em 2017. Foi uma coisa muito insana porque toda aquela galera estava lá por minha causa, fazendo questão de me encontrar, tirar uma foto. É uma sensação muito maneira!

Tá a fim de rever os vídeos do nosso ranking?

Sim ou com certeza?

Fiz uma playlist com eles (tá vendo como eu facilito sua vida?!), então, passe seu celular nesse QR Code pra assistir já! Tem que ter o app de leitura pra funcionar, beleza?

Desafio do clã

Qual é a música de abertura dos vídeos no meu canal?

A) Cash Machine, D.R.A.M.

B) Ocean Drive, Duke Dumont

C) Butterfly Effect, Travis Scott

A resposta correta é a alternativa A. Adoro essa música do D.R.A.M., que vive na minha cabeça. Mas eu também sou fã das outras duas. Se você quiser saber direitinho o que eu ouço, pode seguir minha lista no Spotify. É só procurar por Jon Vlogs, digitar o link spoti.fi/2EacCRZ ou usar esse QR Code que você vai direto pra lá! :)

CAPÍTULO 6

POR QUE JON VLOGS?

Preciso confessar: meu nome não é Jon, nem Jonathan, nem João... **Prazer, sou Luan!** Como sei que você leu com atenção o capítulo 4, então, já sabe disso, certo?

Se você está pensando algo do tipo: “nada a ver”, **já vou adiantar que a ideia era realmente essa!**

Jon nasceu lá atrás, quando eu jogava LOL (*League of Legends*) on-line. Um amigo me deu uma conta com o nome “Jonthebrkiller” e esse nome me acompanhou porque **eu nunca fui lá muito criativo**. #prontofalei

Sem falar que a minha mãe também ficava no meu pé, preocupada com os perigos da exposição na web.

"Não vai usar seu nome de verdade, hein?"

"É perigoso!"

"Isso não é brinquedo, Luan!"

"Tem muita gente ruim do outro lado, viu?"

Pra não arrumar confusão em casa, optei por manter esse nome genérico "Jon" no mundo virtual. Com a ideia de fazer vlogs, juntei em **Jon Vlogs**. #criativão

Aí, quando resolvi criar o canal no YouTube para expandir as lives, já era conhecido assim pela galera e achei que seria melhor manter. No fim das contas, acho que deu certo, né?!

#FalandoSério

Por mais que tudo isso pareça um exagero de mães superprotetoras, é preciso ter bastante cuidado para se aventurar nesse mundão chamado internet. Claro que eu achava que a minha era meio surtada com tantas preocupações, mas a verdade é que, com tudo o que eu já vi por aí nesse tempo de canal, acho que realmente todo o cuidado é bem-vindo! Valeu aí, mãe! 😚

Momento IPJV

O Instituto de Pesquisa Jon Vlogs está coletando dados sobre a performance do melhor canal do YouTube. Como fiel inscrito (óbvio que você tá inscrito, né, cara?), dê sua opinião na enquete abaixo:

O que você acha do nome desse canal que vos fala?

A) Prefiro não opinar.

B) Maneiro. Não consigo pensar em um melhor.

C) Sugiro que seja rebatizado. Nesse caso, minha sugestão é: --------

P.S.: Fotografe e poste sua resposta para finalizarmos essa pesquisa, ok? Use #LivroJonVlogs.

CAPÍTULO 7

PROFISSÃO YOUTUBER

Até o momento, criar o canal parece ter sido uma coisa simples. E confesso, foi mesmo. Quase uma transição natural, afinal, eu já estava envolvido com as lives em outras plataformas. **Mas nem só de alegrias se faz um youtuber, querido clã.** Você vai entender o que eu quero dizer!

Pra começo de conversa, nem sempre você vai ter todo o apoio que gostaria. Tipo assim, as pessoas sempre comentam comigo que minha mãe é a mais gente boa (até aí tudo bem!), e que ela sempre apoiou o canal. **Mas calma que a história não é bem assim!** Quando eu comecei, ela não estava dando bola para o projeto e, pior que isso, estava duvidando de que eu fosse chegar a 100 mil inscritos, minha primeira meta, lembra? Apostamos um carro. Isso mesmo! Se eu conseguisse, ela me daria um carro. E ela perdeu a aposta!!! **Tô mentindo, mãe?**

Ah, Luan... Você nem tinha mil inscritos, como é que eu ia apostar em cem mil, né? Eu realmente não acreditava. Você fazia os videozinhos lá no começo e eu não botava muita fé que isso pudesse se tornar algo tão grandioso. Eu assistia tudo, mas mãe é mãe, certo? Eu achava bonitinho meu filho ali. Era uma maneira de eu matar a saudade. Os primeiros vídeos são bem naturais, bem inocentes, eu adorava assistir... O que mais eu posso dizer? Fico feliz de ter perdido essa aposta, tá?!

(Dani, a mãe do Jon)

Tá duvidando da nossa palavra? Tem vídeo pra você conferir que não estou contando aqui nada além da verdade! Espia só:

y2u.be/VJOh3vaCBgs

Se não estiver com muita paciência, **corre para o minuto 10:40!** Agora ficou fácil, né, não?

Mesmo sem o apoio da minha mãe (óh dó!), eu comecei focado. Coloquei na minha cabeça que eu queria a placa do YouTube de 100 mil inscritos. O objetivo era esse! Quando a coisa aconteceu, fiquei mais ambicioso e foquei em um milhão. Quando bati esse número, decidi que eu queria seguir em frente e trabalhar de forma mais profissional. **Claro que isso não significava perder a naturalidade dos vídeos,** mas queria me comprometer de forma mais séria, cursar uma faculdade que me trouxesse mais bagagem para poder me desenvolver cada vez mais nessa área, algo relativo a marketing ou administração.

É puxado, sim!

A frequência é a maior dificuldade de quem deseja ter um canal grande. A galera quer vídeo todo dia e se você não conseguir postar pelo menos três ou quatro vídeos na semana, eu acho muito difícil o canal crescer depressa, como aconteceu comigo.

Eu sempre tentei olhar pra frente. Claro que alguns vídeos não ficaram tão legais como eu esperava. Óbvio que rolaram — e vão continuar existindo — muitas críticas, comentários maldosos e haters sendo haters. Minha mãe costumava ler todos os comentários e ficava preocupada. Eu falava pra ela: **"Mãe, essa galera aí é só uma lombada no caminho A gente passa por cima e continua. Deixa eles falarem"**. Uma coisa que eu aprendi é que os haters são sempre os primeiros a assistirem os vídeos. Não dá pra encanar com isso. Eu prefiro seguir com a minha motivação. Até agora, tem dado certo.

Falta de motivação

Claro que momentos de desânimo existem. Eu passei por alguns ao longo desses anos de canal. Bem no começo, tive uma fase bem desmotivada. Acabei até dando uma parada nas gravações. Nessa época (estamos falando de dezembro de 2015, lá nos primórdios do vlog), eu pensei seriamente em dar um tempo de tudo e fechar o canal. Não achava justo com a galera essa falta de ânimo. Conversei bastante com um dos meus amigos, o Anderson Wolf, e ele não me deixou parar. **Um salve pra você, mano!**

Se você já tem ou pensa em criar um canal, fica a dica: **dias ruins vão existir.** A questão é como você vai sobreviver a eles! Pra mim, sempre foi importante dividir esses dilemas com meus amigos... Eles sempre funcionaram como uma injeção de ânimo e me incentivaram a seguir firme, sempre em frente.

A confissão

Esse vídeo em que eu contei que quase fechei o canal estava fora do ar, como privado. É um vídeo sem edição, eu gravei tenso pra caramba. Depois de um tempo, achei que não valia a pena deixar lá e ocultei. Mas como aqui estamos abrindo o jogo como nunca antes, segue o QR Code pra você conferir esse túnel do tempo (começo a falar sobre isso no minuto 4:30).

Você também pode digitar esse link aqui, óh: y2u.be/YOMIIgD0vBs

Teste!

Deu pra perceber que a vida de youtuber tem lá seus maus bocados, né? **Mas é claro que a diversão e o carinho de vocês fazem valer a pena.** Falando em diversão, caneta em punho que eu preparei um teste pra você descobrir se está pronto para entrar para o time do YouTube! Bora!

Das alternativas abaixo, marque as cinco opções que mais têm a ver com você:

@ Costuma ser o centro das atenções mesmo sem querer, e diria que tem zero vergonha nessa vida.

$ É beeem tímido e, apesar de assistir tudo quanto é vlog, não curte tirar fotos, nem gravar vídeos, especialmente se você estiver sozinho nessa roubada.

Se considera uma pessoa superorganizada — quando não está morrendo de preguiça, claro!

@ Vive conectado e não consegue ficar cinco minutos longe do celular.

$ Criatividade não é muito a sua praia, então, quando ela se torna necessária, conta com o help dos amigos.

@ Cá entre nós, você sempre tem as ideias mais top para tudo o que vai fazer. De vez em quando, até você se surpreende com o seu próprio potencial criativo!

$ Não curte muito rotina e, pra ser sincero, é bastante desorganizado e desastrado, #ops!

$ Você até gosta de viver em um mundo ultraconectado, mas acredita que as pessoas deveriam valorizar mais o "olho no olho".

@ É preciso admitir: você é viciado em redes sociais e adora compartilhar tudo o que acontece no seu dia com seus seguidores e amigos virtuais.

@ Você faz o tipo sempre disposto a aprender alguma coisa nova e adora um desafio.

$ É fato: sua mãe e seus amigos sempre reclamam que você não responde suas mensagens no WhatsApp rapidamente...

A galera vive reclamando que você fura os rolês. A verdade é que, vez ou outra, você esquece que havia combinado um compromisso e acaba arrumando outro. Ops!

Críticas estão entre as coisas que você mais detesta na vida. Se forem construtivas, tudo bem, mas, geralmente, elas estragam seu dia...

Paciência é uma virtude... Que definitivamente você não tem! #ninguéméperfeito

Você até participa dos eventos sociais que seus pais arrumam, mas a verdade é que ser simpático com todo mundo é uma tarefa bastante cansativa às vezes...

Apuração: Agora, conte os símbolos que você marcou. Atenção, se rolar um empate, leia a lista novamente e escolha mais uma alternativa para resolver esse impasse.

Resultado: A hora da verdade!

Maioria @: Talento nato!

Cara, você nasceu pra brilhar na web! Suas ideias são inovadoras, criatividade sobra nessa sua cabeça e você não se intimida nem um pouco diante de uma câmera. Fala sério! Pra ajudar, você tem comprometimento e garra pra fazer acontecer. Se você sonha em brilhar no YouTube, já está com o placar a seu favor! Vai que é sua, brother!

Maioria #: Quase lá

Se um canal de sucesso for realmente a sua vontade, eu apostaria que você está no caminho certo. Ainda dá para melhorar em alguns pontos, mas a ideia é evoluir sempre e sempre, certo? Atenção com a disciplina, a organização e a disponibilidade para dedicar um bom tempo do seu dia para o mundo da web. Boa sorte. 😊

Maioria $: Vai dar trabalho...

Hmmm... Me parece que essa história de viver de internet não é muito a sua vibe, né? Você gosta de se inscrever nos canais, acompanhar o dia a dia do pessoal, mas entrar de cabeça nesse mundo aí não deve ser seu sonho de vida... Fica frio que não há nada de errado nisso. Em todo caso, se você quiser experimentar, as portas estão abertas — a minha torcida você já tem, beleza?!

O Ministério Jon Vlogs adverte:

Esse teste é só uma brincadeira, sem cunho científico! Se você curtiu o resultado, maravilha; se você não gostou... Que tal refazer escolhendo outras alternativas? hahaha! Quer saber o que é mais importante? O seu destino, quem faz é você! Portanto, se seu sonho é ser youtuber, bora correr atrás! Não deixe ninguém dizer que você não pode. E tem mais, cola aqui que no próximo capítulo eu vou dar o caminho das pedras pra você bombar. Vem comigo que é sucesso!

CAPÍTULO 8

PEQUENO MANUAL PARA UM GRANDE CANAL

Chegou a hora de termos um papo sério, você e eu. Tá a fim de criar um canal, fazer acontecer e gostaria de descobrir o segredo do sucesso? Sem querer desapontar ninguém, receita prática de 5 minutos não tem. **Calma aí! Não é pra você pular este capítulo, não!** Tá louco?! Sossega aí!

O que eu quero dizer é que o sucesso é fruto de um trabalho bem feito que exige, acima de tudo, **comprometimento e dedicação.** Olhando de fora, pode parecer que é tudo muito simples, basta pegar uma câmera, gravar seu dia a dia e pronto, milhares de pessoas estarão dispostas a te assistir...

Ei, você! Planeta Terra chamando!

Já parou pra pensar em quantas pessoas estão postando todos os dias? A disputa para se tornar um youtuber bem-sucedido é desleal. Portanto, você vai ter que ralar para se destacar nessa selva digital. A boa notícia é que, se por um lado a concorrência está bem maior, por outro, está mais fácil em quesitos técnicos. A plataforma se tornou mais simples e existe muita informação disponível. **Ou seja: é possível chegar lá!**

Yes, you can!

Agora, você me pergunta: como conseguir o desejado sucesso como *digital influencer*? (vamos usar palavras bonitas, né?)

Pra começo de conversa, pare e pense (~~um pouco~~) bastante antes de começar. **Você precisa de um nome legal,** relacionado com o que você quer mostrar. Se for um canal de games, você não vai chamá-lo de **"Jon Vlogs"**, sacou? Coerência entre nome e conteúdo é fundamental! Depois que você estiver certo dos tipos de vídeo que pretende postar, é hora de arregaçar as mangas e começar os trabalhos.

Fica frio que eu vou facilitar pra você!

De nada! ☺

Os próximos tópicos são um guia de tudo o que você deve levar em conta para bombar seu canal. Eu arrisco dizer que se você seguir todos esses conselhos, dificilmente não terá retorno. **Pode não ser tão rápido como você gostaria, mas, com perseverança, ele virá.** Preparado? Boraaa!

1. Encontre um caminho

Na hora de criar um canal no YouTube, é melhor escolher um tema mais específico sobre o qual você irá produzir seus vídeos. Será sobre games? Seu dia a dia? Desafios? Entretenimento? **Deixar muito aberto acaba confundindo (e dividindo) sua audiência** — o que definitivamente não é legal! Então, comece a pensar por aí!

2. Frequência

Se você sonha com um canal grande, vai ter que se esforçar (MUITO) pra movimentar seu espaço e atrair a galera. Isso significa que você precisa se comprometer a postar, **no mínimo, três vídeos por semana.** Menos que isso não rola. Se as pessoas sentem que você não está comprometido, elas também perdem o interesse. É como dizem por aí: **quem não é visto, não é lembrado!** #sótragoverdades

3. Satisfação com o conteúdo

Você tem que gostar do que está fazendo. **Se nem você acha seus vídeos legais, por que outras pessoas vão achar?** Concorda? É importante que você consiga se divertir enquanto grava. Isso fica evidente nos vídeos e as chances de entreter seus viewers é muito maior!

4. Foco

Se o objetivo é crescer no YouTube, você tem que estar focado. Isso quer dizer que, apesar dos perrengues que virão, **você vai ter o canal como uma das suas prioridades.** Se não for desse jeito, não rola. Pode até ser um hobby, mas dificilmente vai virar um fenômeno se não estiver entre as suas prioridades de vida.

5. Faça e refaça

Se não ficou bom, refaça. Não poste uma coisa meia-boca por preguiça de gravar de novo. **É melhor não postar nada a dar upload em vídeo ruim.** Claro que com o passar do tempo você vai se aprimorando e, com isso, pode considerar seus primeiros vídeos quase toscos (acontece comigo de vez em quando, hahaha), mas o importante é que, no momento de postar,

você esteja confiante de que faz um bom trabalho — o melhor que podia naquela hora.

6. Seja você mesmo!

Esse pode parecer o conselho mais manjado que existe, mas talvez seja o mais importante. Em um mundo onde "nada se cria, tudo se copia", trabalhar sua autenticidade é um diferencial que será notado pela audiência. **Vai por mim!**

7. Se você não estiver legal, não grave

De vez em quando, acontece comigo. Se eu estiver na bad pra gravar, não gravo. Tem dias em que eu deixo de postar porque eu não estou bem... Às vezes, dar um tempo, tomar um banho e esfriar a cabeça, resolve. Em outras, não rola mesmo. Faz parte do processo. **Ninguém está 100% o tempo todo.** Você precisa conhecer e respeitar seus limites.

8. Preocupe-se com a qualidade

É comum, principalmente entre os iniciantes, preocupar-se com a qualidade da imagem enquanto esquecem o som. **Ambos são fundamentais para o sucesso**. Cheque se não está ficando muito claro ou muito escuro e se não tem nenhum barulho atrapalhando sua voz. Ruídos incomodam quem está assistindo e podem fazer com que a galera desista de ir até o fim. Claro que, às vezes, eles são inevitáveis, **mas é importante que você busque o melhor som possível.**

Imagens de *thumbnail*, aquela foto que aparece quando o vídeo é postado, também merecem atenção especial. Lembre-se de que essa é sua vitrine. **Escolha algo que atraia os espectadores.**

9. Crie uma rotina de publicações

A ideia é conquistar uma audiência fiel, certo? Para isso, nada como postar com regularidade nos mesmos dias e horários. O seu público precisa se acostumar que seu canal traz novidades **em tais dias, em tal horário,** para ficar esperando pelos novos vídeos. E mais importante: mantenha essa regularidade!

10. Tenha cartas na manga

Imprevistos acontecem. Pode ser que você não esteja bem pra gravar, que tenha uma dor de barriga, um pneu furado, uma prova surpresa, enfim... Para que você não fique sem postar, a melhor opção **é ter vídeos prontos,** que podem entrar no ar em casos emergenciais.

11. Aceite opiniões

Já ouviu aquele ditado "duas cabeças pensam melhor do que uma"? Então, neste caso, nada como **pedir a opinião de seus amigos e de sua família.** Quem sabe em uma conversa sem compromisso não apareça uma baita de uma ideia, hein?

12. Pesquise

Antes de criar seu canal sobre games, por exemplo, pesquise o que outros youtubers estão fazendo. Avalie o que todo mundo faz e pense no que você poderia **fazer de diferente para tornar seu canal especial.** Inovar é uma maneira de se diferenciar e conquistar um público só seu!

13. Pratique

Claroooo que seus primeiros vídeos não serão superprofissionais — estou falando com total experiência de causa, hahaha. A desenvoltura vem com o tempo e com a prática. Opa, (~~ouvimos~~) lemos *prática*? **Sim, meu caro aprendiz,** treinar um pouco antes de postar seu primeiro vídeo pode ajudar bastante. Por isso, **pegue uma câmera e vá à luta.** Depois, assista ao vídeo e preste atenção se é possível entender todas as palavras que você falou, avalie como está sua postura, entre outros detalhes. Isso vai ajudar você a conhecer melhor seus pontos, **tanto os fortes quanto os fracos** e entender onde você precisa evoluir. ☺

14. Não ligue para os haters

Sim, eles estão por todos os lados e são **uma verdadeira praga virtual.** O passatempo dos haters é trollar todo mundo. Gente para te desanimar é o que você menos precisa nesse começo, mas temos que encarar os fatos: **vai acontecer.** Então, vamos pensar adiante e definir o que fazer. Anota aí: *não ligue para os comentários negativos e maldosos, especialmente aqueles que nada têm a acrescentar ao nosso trabalho.* Repita essa frase sem moderação até estar completamente convencido. De nada!

Verdadeiro ou falso?

Produzir um bom conteúdo exige dedicação. Você precisa definir o que vai falar pra não gravar um monte de besteiras. Uma das saídas para isso é escrever um roteiro antes de produzir o vlog. Para mim, funciona muito bem.

E aí, clã, verdadeiro ou falso?

RESPOSTA: Apesar do roteiro funcionar para muitos youtubers, eu não consigo trabalhar assim. No meu caso, acho que deixaria o conteúdo mais engessado e perderia um pouco da espontaneidade que sempre foi um dos diferenciais do Jon Vlogs. Mas cada um tem seu modus operandi. O importante é descobrir qual funciona melhor pra você! :D

15. Ouça quem realmente importa

Ninguém começa um canal sabendo tudo. Então, nada melhor do que ouvir quem realmente pode colaborar com seu crescimento. E quem são eles? **Sua audiência, oras!** Troque uma ideia com as pessoas que assistem a seus vídeos e escute o que elas têm a dizer. Daí também podem surgir sugestões, ideias e temas para as próximas postagens.

16. Keep calm

É normal que as coisas fluam devagar e, no começo, cada inscrito conquistado deve ser comemorado como uma batalha vencida. É natural que seus primeiros vídeos sejam vistos apenas por sua família e amigos, mas, com o tempo, trabalho, persistência **— e as maravilhosas dicas deste que vos fala —** isso deve mudar.

17. Saiba rir de si mesmo

Já deu pra notar que essa vida de youtuber é um trampo danado, né? Mas é claro que também existe muita diversão envolvida. Você precisa manter a balança equilibrada: **levar a sério o que você está fazendo e se divertir durante o processo.** Saiba rir e aprender com seus erros e não tenha medo de ser feliz nesse mundão chamado web!

18. Estude

Eu já disse que esse é um dos melhores conselhos que eu posso dar para você na vida? **Então, ele vale pra esse momento também.** Você precisa conhecer seus talentos, o público que você quer atrair e a plataforma. Para que o YouTube jogue a seu favor, você tem que entendê-lo e descobrir as melhores formas de potencializar seu conteúdo. **Outro ponto importante: programas de edição.** Se você manjar do negócio, vai conseguir fazer maravilhas com seus vídeos. Vale a pena investir nesse conhecimento!

19. Pense primeiro, grave depois

Antes de começar a gravar, pense no que irá dizer ou mostrar. Assim, você evita deixar o vídeo sem pé nem cabeça. Não precisa decorar palavra por palavra, mas **definir a mensagem que você quer passar já ajuda,** especialmente no começo, quando não temos muita segurança.

20. Não desanime

O sucesso não vem do dia pra noite. O maior segredo é não desanimar com as adversidades. Confie no seu trabalho, mantenha a frequência e siga o jogo que uma hora você marca o gol, fechado? **Insista, persista e não desista!**

Bota a boca no mundo!

Não tenha medo de divulgar seu trabalho! Falar sobre ele pode fazer toda a diferença. Use suas redes sociais para mostrar seus vídeos, avise quando tiver novidades no ar e chame a galera pra se inscrever no seu canal e deixar comentários. Uma opção legal é fazer um pequeno teaser mostrando um pedacinho do vídeo e informando que o conteúdo completo pode ser visto no YouTube! Se você tem amigos que já estão com canais maiores, vale pedir uma forcinha: quem sabe eles não te ajudam na divulgação?! Boa sorte!

CAPÍTULO 9

COMO MORAR NOS EUA

A pergunta que eu mais li — e ouvi — em todo esse tempo de YouTube é: "como faz para morar nos Estados Unidos, Jon?". Não seria exagero dizer que eu não passo um dia sem que alguém me peça dicas de como conseguir um endereço norte-americano pra chamar de seu. Por isso, não poderia deixar de conversar sobre esse tema por aqui também.

Na minha opinião, **a maneira mais simples e segura é através de um intercâmbio.** Essa é uma forma de você conhecer um pouco da cultura, ver se realmente o país é tudo o que você imagina, se você se adapta à nova rotina, se a cidade é legal etc. O fato de nos EUA tudo ser mais barato e a tecnologia ser mais acessível, já que o preço de iPhones e iPads são melhores, não significa que a vida aqui vai ser mil e uma maravilhas. Você tem que ver como será sua adaptação...

Eu digo isso por mim mesmo. Eu, que já havia morado por aqui boa parte da infância, sofri um monte para me adaptar ao *high school* quando voltei, aos 15 anos. As pessoas já têm os seus grupinhos, como em todos os lugares, e a aceitação com gente de fora não é tão rápida quanto quem chega gostaria...

Então, é difícil se enturmar?

Não vou mentir pra você e dizer que é a coisa mais fácil do mundo... Os americanos não têm uma personalidade muito amigável, eles são mais fechados que os brasileiros, entende? Eles não vão chegar em você do nada e se abrir, querer saber da sua vida e pá, como acontece no Brasil. **Você tem que descobrir se você vai se adaptar a isso.** Pode ser que você se sinta solitário e ache que não está aprendendo ou curtindo o tanto que gostaria. Nesse caso, você pode pegar suas malas e voltar para o Brasil, sem dramas. Hahaha — tô brincando!

Mas é bom ter em mente que voltar pra casa também é uma opção. Se você estiver infeliz, **converse com seus pais e mude de planos.** Diferente do que muitos pensam,

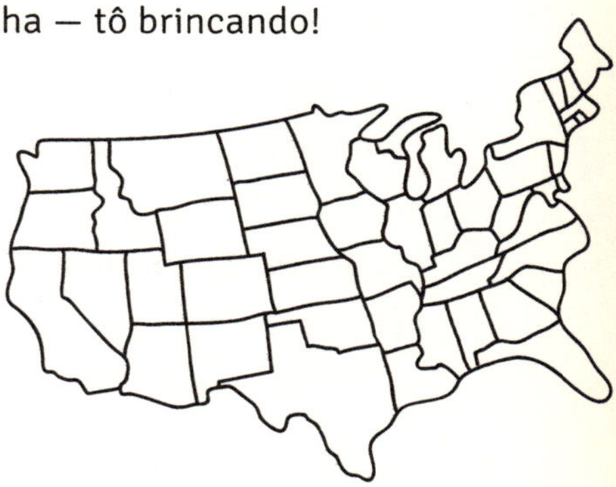

ter maturidade para aceitar que não deu certo é um ato de coragem e não um fracasso! #anotaaí

Voltando ao foco... Acredito que esse intercâmbio é o primeiro passo pra você entender a vida nos EUA. Com um visto de estudante, você pode até trabalhar, contanto que você também esteja estudando. Pode ser em uma escola de inglês, universidade, *high school*... Existem várias opções.

A duração do visto também é relativa e vai depender do tempo do curso em que você estiver matriculado. Importante: se você parar com os estudos, bombar em faltas ou não tirar notas suficientes, seu visto é suspenso imediatamente e você tem que sair do país. **É preciso estar disposto a se dedicar pra valer.**

As faculdades daqui são muito boas e com certeza trazem um conhecimento diferenciado. Eu ainda não experimentei, mas, se tudo correr como o previsto, **em breve, vamos nessa!** Tenho certeza que é um *plus* e tanto para o currículo.

Agora, vamos acabar com a fantasia (desculpa, mas é importante, tá?): o *high school*, meu amigo, não é essa belezura que você que assistiu em *High School Musical* e pode estar imaginando, ok? **A realidade é bem menos colorida e cantada do que a ficção.** Têm pontos positivos e negativos, como em qualquer lugar.

Se o maior problema do Brasil é a corrupção, eu diria que o dos EUA é a **falta de empatia** (falei difícil agora, né? hahaha). O que eu quero dizer com isso? Existe uma dificuldade de socialização. Vai ser muito mais fácil você se enturmar com os latinos do que com os americanos. Quando eu cheguei aqui, todas as mexicanas se tornaram minhas amigas rapidinho. Já os norte-americanos, só depois de meses, quando eu entrei para o time de futebol da escola, é que começaram a me aceitar de verdade. **Não é um processo muito simples, não!** Vamos falar mais sobre isso no próximo capítulo, aguenta aí!

Quando eu voltei para o Brasil, aos 12 anos, depois de ter passado cinco anos nos EUA, fui recebido de braços abertos. Eu não

Deu ruim

Nos EUA, às 22h corta o som. No Brasil, meia-noite a galera ainda tá curtindo um funk no churrascão e mandando um pedaço de carne para o vizinho! Eu curto esse lado sociável do brasileiro — e morro de saudade!

conhecia quase ninguém em Macaé e, apesar do bullying na escola, fiz um monte de amigos muito rápido. Queria mandar um salve pra essa turma que me acolheu com tanto carinho! Como você já leu aqui, eu senti muita falta da vida nos EUA, mas não posso reclamar da turma que eu encontrei em terras brasileiras — **essa foi a melhor parte dos anos em que fiquei por aí!**

Outra vantagem de começar com um intercâmbio é aprender o básico do inglês. Nada como um mergulho no dia a dia pra você ganhar fluência. A experiência que você adquire dessa forma é muito mais efetiva do que anos e anos de escolas de inglês no Brasil por causa da prática.

Deu bom! :D

Por outro lado, eu adoro a vida calma que tenho aqui nos EUA. Eu vim pra cá porque eu gosto de ficar na minha, de passar horas no computador. No Brasil, rola muita festa, toda hora a galera quer sair e sempre acontece algum rolê durante a semana. Esse agito, pra mim, atrapalhava o foco nos estudos. Sempre tinha uma festa de aniversário, ficava acordado até tarde da noite, ia com sono pra escola, não conseguia me concentrar e acabava não dando conta. Aí tinha que correr atrás do prejuízo com professor particular e tal. Eu sou mais na minha, então, apesar de sentir falta do carisma brasileiro, me adapto melhor ao estilo de vida mais tranquilo que encontrei por aqui.

Uma coisa que vai te ajudar super é viajar com um amigo, irmão, primo, enfim, alguém de quem você goste. **Assim, fica muito mais difícil se sentir sozinho.** Um vai ajudar o outro, você não vai ficar sem companhia para o rolê, e por aí vai.

Por outro lado, essa segurança toda pode te deixar em uma zona de conforto na qual você não vai se esforçar tanto para se enturmar ou para aprender o idioma. Se você estiver só, **vai ter que se virar na marra,** um processo que pode ser dolorido, mas que traz lições absurdas de amadurecimento.

Acima de tudo, é preciso vir com o espírito confiante.
Tomou mesmo a decisão? Então, bora lá.
Tem que botar a cara a tapa e encarar o desafio.

Ê saudade!

O que eu mais sinto falta do Brasil é o arroz e o feijão. Na moral, tão pra inventar uma comida como a nossa. **Todo dia aquele pratinho de arroz + feijão + bife é coisa dos céus!** Aqui é muito hambúrguer, ou seja, perde a graça... Comer hambúrguer no Brasil é maneiro, sinônimo de rolê com a galera ou com a família. Acaba a festa e a turma quer achar um trailer pra comer um "podrão" na rua... Aqui, é coisa de todo dia, por isso eu acabo

O mais difícil é...
A falta de fluência no idioma. E a falta que a família e os amigos fazem na rotina para quem decide encarar o desafio de viver em outro país. #épuxado

comendo mais lanches quando estou no Brasil. Aqui, dá uma enjoada...

Depois da comida, vêm os vizinhos. Geralmente a vizinhança se torna amiga no Brasil. Aqui não. Fica cada um na sua casa. Dificilmente eu vejo as pessoas do meu bairro pelas ruas.

O melhor dos EUA é...

A segurança. Eu durmo tranquilo e sinto que posso confiar na polícia. Ela sempre está por perto e, em menos de dois minutos, se eu precisar, chega na porta de casa. Eu acho que no Brasil vivemos mais inseguros, mas, às vezes tenho a impressão que a mídia brasileira mostra um país pior do que ele realmente é. Eu, por exemplo, nunca fui assaltado no Rio de Janeiro, e olha que eu ando com a câmera pra cima e pra baixo. Muita gente pensa que lá é tiro pra todo lado, e a realidade pode não ser tão caótica assim.

O pior dos EUA é...

Os desastres naturais. Furacões, nevascas, tornados e terremotos são catástrofes que (literalmente) abalam a vida do povo norte-americano. Em 2017, Houston enfrentou um dos piores desastres da história dos EUA, o chamado Furacão Harvey. Foram dias de muita tensão — **acho que nunca passei tanto medo na vida!** Pra você ter uma ideia, várias casas de dentro do meu condomínio foram destruídas, grande parte da cidade ficou alagada, mais de 30 mil pessoas ficaram desalojadas... A situação foi bastante assustadora, porque, por mais que a população seja superalertada, não dá pra saber exatamente qual a proporção que a coisa vai tomar. É um momento meio apocalíptico, com as pessoas estocando água e comida. Nunca vi um supermercado tão vazio como nesses dias, não havia um galão de água nas prateleiras. Foi tenso!

Já parou pra pensar como o Brasil é um país abençoado por não precisar lidar com situações limite como essas? **Eita terra bem localizada essa nossa!** ❤

Para saber detalhes de como sobrevivi à visita deselegante do Furacão Harvey, use esses QRs codes, ou digite os links abaixo:

y2u.be/2dmn8iZ35do	y2u.be/3fNz-erXgsI	y2u.be/mdoxgE3CfgI

Ir ou não ir, eis a questão

Tá bolado se vale a pena largar sua vida pra encarar um tempo longe de tudo nos EUA? Fique tranquilo, essa insegurança é normal. Mas vamos à parte prática da coisa: como tomar essa decisão tão importante? Um exercício que costuma ajudar nessas horas é fazer uma lista com os prós e os contras da mudança. Eu vou te ajudar com alguns pontos universais e você completa com as suas particularidades. Partiu?

Motivos para ir

1. Adquirir fluência em outro idioma
2. É uma experiência enriquecedora

Motivos para não ir

1. Não quero deixar minha família
2. Tenho medo de não me adaptar

Agora é ver qual lista ficou maior. Peraí, as duas estão com o mesmo tamanho? Tenho uma solução! **Pontue cada um dos itens com notas de 1 a 5. Quanto mais importante pra você, mais alta a pontuação.** E não venha me dizer que você continua em um empate, hein? Porque, nesse caso, a solução vai ser tirar no par ou ímpar. Ou melhor, segue a leitura que o próximo capítulo deve te ajudar nesse dilema! #tomara

CAPÍTULO 10

GUIA PRÁTICO PARA UM FUTURO INTERCAMBISTA

Como você já deve ter visto, não é fácil tomar a decisão de fazer um intercâmbio. Pensar com calma em questões principais é muito importante para trazer segurança e facilitar o processo de adaptação. Então, você me pergunta: **"quais questões seriam essas, Jon?"**. Fica frio, meu amigo, que este livro veio ao mundo para facilitar a sua vida de verdade. Aqui, missão dada é missão cumprida. Vamos começar?

Destino ideal

Não é porque geral gosta de ir para os Estados Unidos (ou porque seu youtuber preferido —

entenda-se, euzinho — mora no país) que esse precisa ser o seu destino. **Existem muitos lugares com culturas e experiências incríveis** e você deve escolher aquele que mais combina com seu estilo, que te deixa maluco desde sempre, mesmo que você ainda não saiba o porquê. Na hora de escolher, pense em questões como o idioma, o clima predominante do lugar, a moeda e também a qualidade de ensino. Afinal, estamos falando de um lugar novo e, no mínimo, você deve conseguir se dar bem.

Não sou fluente na língua, e agora?

Cara, o ideal é que você tenha uma noção do idioma pra não passar muito apertado, mas isso não significa conhecer todas as palavras que existem no dicionário. **Acredite, estou aqui há anos e também não conheço!** hahaha. Os primeiros dias são os mais puxados, e quem já está acostumado com a língua tem mais facilidade. De qualquer forma, mesmo sem saber muito, você vai conseguir aprender rápido a se comunicar, basta ter força de vontade. Agora, não entender absolutamente nada é complicado, né? Faz o seguinte: aproveite o seu tempo pré-intercâmbio para estudar o máximo que conseguir. Hoje em dia, existe um monte de cursos on-lines e aplicativos para te ajudar nessa empreitada. **Ou seja: não tem desculpa!**

Quanto tempo ficar

Eita, dúvida cruel. Pra começar, isso depende de várias coisas: disponibilidade, dinheiro, idade e necessidade. Existem intercâmbios variados, desde os que duram quatro semanas até os que passam de um ano. Se você está indo pela primeira vez e não se sente totalmente seguro, talvez o ideal seja ficar apenas algumas semanas. Mas claro que isso varia de pessoa pra pessoa. **O importante é conhecer muito bem todas as opções,** para conseguir escolher a que mais combina com o seu perfil.

Moradia

As principais opções são:

- **Famílias locais:** elas hospedam intercambistas e, geralmente, dão uma boa ajuda. Mas não pense que a obrigação deles é fazer tudo por você. Não vai ser como se você estivesse passando um tempo na casa dos seus tios preferidos, ok?
- **Residências estudantis:** a maioria das escolas oferece esse tipo de moradia, que fica dentro do próprio campus, o que pode facilitar muito para você.

• **Apartamentos ou hostels:** são lugares que você acaba procurando por conta própria, mas fique ligado que alguns podem ter convênio com a escola, o que facilita o processo. Informe-se bem!

Hora de pagar

Não tem jeito: para tornar o sonho do intercâmbio realidade é preciso investir dinheiro nele. A boa notícia é que tem um monte de agências especializadas, sem falar nos diversos tipos de intercâmbio disponíveis, **o que deixa mais fácil encontrar um custo que caiba no bolso.** Pesquise bastante os valores e combine aquilo que você quer com o seu orçamento. **Cheque se a agência oferece todos os serviços,** como plano de viagem, passagem aérea, assistência, escolha de curso e escola, matrícula e moradia. Esse pode ser um diferencial importante na hora de se decidir.

O que fazer antes de pisar em solo estrangeiro

Antes de mais nada, **treine o idioma.** Ouça músicas, assista a filmes e séries e fale sozinho. Funciona, viu?! Pesquise sobre a cultura do lugar e o que poderá fazer de legal no seu novo endereço. Faça um roteiro com os locais que você mais quer conhecer, principalmente se a ideia for ficar poucas semanas. **Separe toda a documentação que você vai precisar com calma e antecedência.** Aqui, estamos falando de passaportes, visto e possíveis autorizações.

CAPÍTULO 11

HIGH SCHOOL

Como eu já contei no começo deste livro, o ensino médio nos Estados Unidos não é tãããão perfeitinho como nos filmes. Temos aulas chatas, professores malas e colegas desagradáveis (pra usar uma palavra aceitável aqui! hahaha). **Até aí, nenhuma diferença das escolas brasileiras.** Acho que é assim no mundo todo, afinal, nenhuma escola vai agradar 100% dos alunos, em 100% do tempo, certo?

O que existe por aqui é um ensino de qualidade (como em muitas escolas brasileiras, claro!) que

exige dedicação e comprometimento do aluno. Se você não estudar pra valer, você não vai sair do colégio tão cedo, sacou?

Mas existem muitas vantagens nesse esforço. O *high school* dos EUA tem características bem diferentes que fazem dele uma excelente escolha para jovens que buscam desafios e aprendizado.

Vem entender um pouco mais!

Foco na universidade

Diferentemente do Brasil, nos EUA, o *high school* (que seria o ensino médio) já é direcionado para a área que o aluno pretende seguir.

Se eu tivesse mantido a ideia de estudar medicina, no último ano eu já deveria estar mais próximo da rotina da profissão. Por exemplo, **eu teria acompanhado o dia a dia de um médico para entender o trabalho** e, com isso, ter uma boa noção das coisas que ele faz em um hospital. Nessas visitas a gente faz anotações de tudo que vê e monta um relatório da profissão. Essa é uma das matérias da escola no último ano para quem escolheu esse caminho.

Nos EUA, além de fazer uma prova para entrar na faculdade, é preciso enviar um tipo de dossiê com várias informações, entre elas, histórico escolar com notas e cartas de recomendação.

Por isso, a escola tem uma preocupação maior: **não basta ter conhecimento para passar em uma prova.** A experiência do *high school* pode ser determinante para você entrar na faculdade.

Currículo flexível

A grade de ensino do *high school* é mais individualizada. O aluno vai frequentar disciplinas que tem a ver com a área que ele deseja seguir no futuro. Por isso, eu comentei no comecinho do livro que quem troca de classe são os estudantes e não os professores. Não funciona como no Brasil, onde todo mundo tem a mesma matéria. **Por aqui, alunos do mesmo ano, de uma mesma sala, têm aulas diferentes.** Por exemplo: eu posso ter uma aula referente à saúde, enquanto quem escolheu artes, vai estudar cinema.

Você escolhe as disciplinas que deseja cursar, mas não a grade de horários. A escola é que monta seu cronograma. Você só descobre como ficam seus horários no primeiro dia de aula, assim que você retorna das férias para um novo semestre. **É sempre uma tensão!** hahaha

Eu diria que o fato do aluno escolher o que quer estudar é um dos pontos mais positivos do modelo de ensino norte-americano. Essa flexibilidade te deixa livre para decidir pelas disciplinas com as quais se identifica. E você pode imaginar que isso gera mais interesse e vontade de aprender.

Além disso, você pode estudar desde antropologia até astronomia. As opções vão muito além das tradicionais física, química e biologia, o que é muito maneiro! Pra vocês terem uma ideia, no último ano, **eu fiz seis meses de culinária na escola!**

Outra matéria bem diferente que eu estudei foi o treinamento militar (conhecido por aqui pela sigla ROTC, "*Reserve Officer Training Corps*"), que vira e mexe aparece no vlog. Se você acompanha as minhas publicações **(ouço um "com certeza"?),** já deve ter visto uma galera com uniforme camuflado pela escola. Eu quis fazer porque eu sempre achei legal o jeito que eles malhavam, tinha vontade de aprender a atirar etc. Achei que seria maneiro. Mas os alunos não são obrigados a ter essa disciplina no currículo, ela faz parte das optativas.

Férias

Como estamos no hemisfério norte, as estações por aqui são contrárias às do Brasil, isso quer dizer que as nossas férias de verão, que duram quase três meses, acontecem nos meses de junho, julho e agosto.

Aprovação

Outra diferença é o esquema de aprovação. No Brasil, ou você passa em tudo ou tem que refazer o ano todo, certo? **Por aqui, você pode passar em matemática e ser reprovado em história.** Nesse caso, você vai fazer as aulas de história com a turma mais nova e seguir em frente com matemática, como acontece nas universidades brasileiras. No meu primeiro ano, tinha alunos do terceirão que faziam aulas comigo. Esse lance é legal porque você conhece um monte de gente e acaba fazendo mais amigos. É uma forma de não ficar colado sempre na mesma turma e interagir com mais gente.

Sem uniformes

Por aqui não temos uniformes, que ainda são obrigatórios em algumas escolas brasileiras. Cada um pode vestir o que quiser.

Turmas pequenas

Apesar de muitas escolas serem enormes, como era o caso da minha, as turmas não são grandes, **dificilmente ultrapassam**

20 alunos, o que facilita bastante o aprendizado. Geralmente o pessoal participa bastante e as aulas acabam rolando de forma dinâmica e interativa.

Níveis

Outra característica comum do *high school* norte-americano são as **aulas com diferentes níveis de dificuldade.** Geralmente, temos três categorias: CP (*college prep.* — nível mais baixo), *Honors* (intermediário) e o AP (*advanced placement* — avançado). A ideia é que assim os alunos aprendam melhor, de acordo com seu nível de conhecimento.

4 vantagens indiscutíveis...

...de fazer o high school nos EUA:

√ Estudar em escolas de excelência.
√ Conhecer um novo país.
√ Conviver com pessoas do mundo todo.
√ Ficar fluente em inglês.

Clubs

Aqui também existem muitos *clubs* dentro das escolas. São grupos de alunos que têm interesse por um mesmo tema. É uma coisa comum em filmes: **sempre tem o grupo dos geeks, do coral, dos esportistas.** A realidade é mais ou menos assim

mesmo. Algumas escolas têm *clubs* bem diferentes, como de **quadribol**, por exemplo. Pode ser bastante divertido!

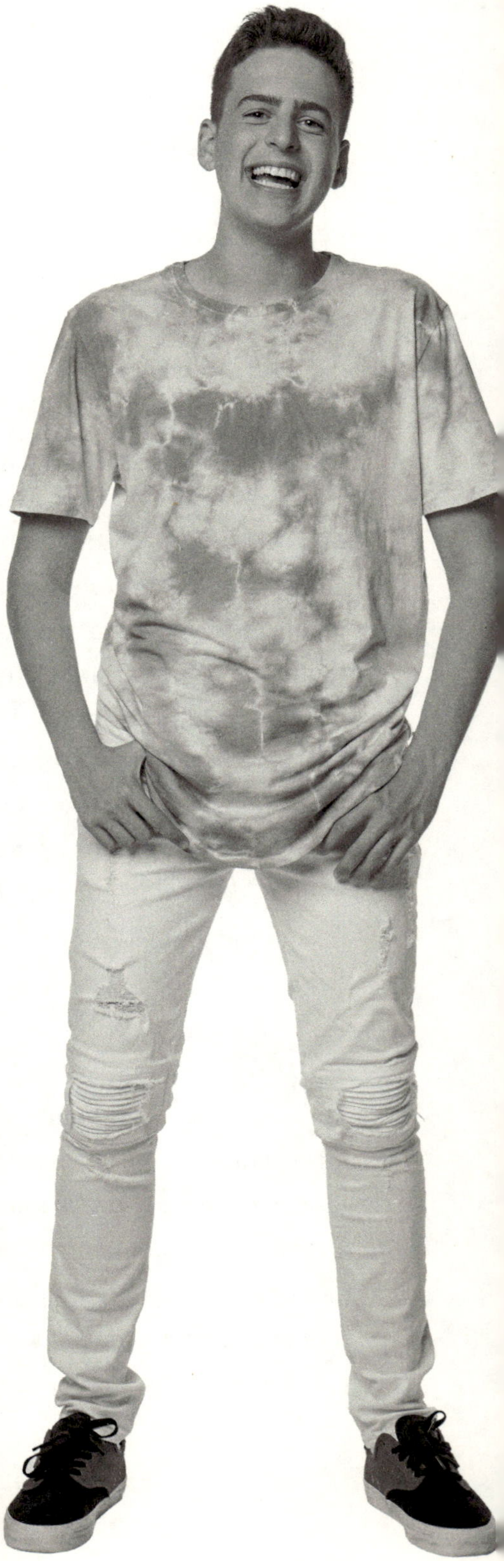

É integral

Temos em média sete matérias por dia, cada uma com cerca de uma hora de duração. Já tá fazendo as contas? Isso quer dizer que a ralação total pode durar até 8 horas. No meu último ano, por exemplo, eu entrava 7h30 e saia 14h45. **Tá achando que é moleza?**

Independência

Como podemos tirar carta de motorista aos 16 anos nos EUA, a maioria dos estudantes do *high school* já tem habilitação e vai pra escola com seu próprio carro. **Temos liberdade para sair durante os intervalos e almoçar fora da escola,** por exemplo. É uma rotina que, muitas vezes, é mais parecida com a das universidades brasileiras do que com o ensino médio.

Multiculturas

Uma escola norte-americana está longe de ter apenas alunos dos EUA. **Você vai ver gente do mundo inteiro.** Vai conhecer e descobrir culturas e costumes que você nem sabia que existiam. Se relacionar com pessoas de outros países é uma forma incrível de abrir sua mente e fazer com que você enxergue o mundo com outros olhos.

No high school...

Matérias preferidas: anatomia, ROTC, futebol e história.

Matéria mais chata: matemática. Nunca consegui gostar de verdade disso aí...

Matéria mais difícil: anatomia. Sorte que eu gostava! Tinha muita coisa pra decorar, tipo mais de 200 nomes de ossos. E olha que o povo escolhe um nome mais complicado que o outro. Sorte que minha memória funcionou bem! hahaha

CAPÍTULO 12

30 FATOS CURIOSOS SOBRE MIM

1) Eu amo música. Estou sempre com o som ligado, ouvindo alguma coisa.

2) Meu estilo favorito é rap e hip-hop. Do Brasil, adoro funk!

3) Gente chata me tira do sério. Sabe aquele tipo de pessoa que fica insistindo em um assunto que já deu?! Me erra, vai!

4) Eu adoraria crescer na minha área de atuação profissional e dar as caras no cinema, quem sabe gravar uma novela também... Eu confesso que gostaria muito de estar na televisão! Pinta de galã já tenho, né, não? hahaha

5) Até gosto de esportes, mas a minha praia mesmo são os e-sports. Campeonatos de jogos on-line são os meus preferidos.

6) Agora, se for pra jogar na real mesmo, meu top três é beisebol, futebol e basquete. Não necessariamente nessa ordem!

7) Eu gosto de dormir beeem tarde e acordar mais tarde ainda. Quando estava na escola, precisava dormir cedo por conta dos horários. Agora que as aulas acabaram, a noite é uma criança! 😄

8) Apesar de estar sempre rodeado de amigos nos meus vlogs, eu demoro muito pra confiar de verdade em alguém.

9) Tenho uma mania incontrolável de roer unhas. 😒

10) Meu café da manhã ideal é com ovos mexidos.

11) Uma bebida que não pode faltar na minha geladeira é suco de maracujá.

12) Não consigo me lembrar de uma comemoração de aniversário inesquecível porque nunca fui de comemorar muito — mas na infância meus pais caprichavam nas festinhas!

13) Nunca escovo os dentes sem música. Tem que ter um som pra animar o processo, não concorda? hahaha

14) Meu primeiro bicho de estimação foi um cachorro. Ele se chamava Muke e era um buldogue francês.

15) Morro de medo de fantasmas. Às vezes, quando eu estou indo dormir, sozinho em casa, começo a ouvir uns negócios... Ixe! O jeito é fingir

que não é comigo, fechar os olhos e tentar pegar no sono rapidinho!

16) Não assisto a filmes de terror. Tenho medo! Não vejo de jeito nenhum!

17) Sou aquele cara que, se pudesse, teria um carro melhor que a minha casa. Sou apaixonado por automóveis. Queria ter uma coleção gigantesca!

Sou fofo 😊

18) Eu amo jogar paintball! Acho que eu posso dizer que esse, sim, é meu esporte favorito! Pode esquecer os outros que eu já falei antes! hahaha

19) Adoro andar de kart! É um dos meus hobbies preferidos.

20) Caí de mal jeito e quebrei um braço uma vez quando eu era pequeno. Foi uma coisa bem besta, mas quebrou. Já os tornozelos, eu torci muito nessa vida, foram mais de dez vezes, mas nunca precisei engessar.

21) Não gosto de comida japonesa. Só como yakissoba. Sushi, nem pensar! Peixe cru não rola, não!

22) Uma das viagens mais inesquecíveis da minha vida foi pra Cancun! Fui com minha mãe, meu padrasto e meu avô. Foi incrível!

23) Meus brinquedos preferidos na infância eram carrinhos. Adorava brincar com pistas. Como você pode ver, a paixão por carros é coisa antiga! hahaha

24) Eu gosto de parques de diversão com brinquedos bem irados, cheios de loopings. Gosto de aventura, de velocidade, de ficar de ponta-cabeça mesmo!

25) Aprendi a dirigir com o meu avô. Desde pequeno eu dirigia no colo dele. E sempre gostei de correr de kart também. Quando eu era criança, eu já praticava, então, dirigir sempre foi suave. Tive facilidade desde o começo! Talvez por isso eu goste tanto!

Sempre gostei de velocidade!

26) Meu maior defeito é que eu sou meio

compulsivo. Quando eu quero muito uma coisa, eu preciso ter aquilo, senão, eu não fico em paz. Se eu encano com um tênis, eu não descanso enquanto eu não conseguir ter. Eu preciso aprender a controlar melhor isso!

27) Não sou fã de Harry Potter. Li todos os livros quando era pequeno porque meu padrasto insistiu, mas a história não me envolveu.

28) Ao mesmo tempo em que eu quero trocar de carro, não quero gastar meu dinheiro. Dinheiro guardado me deixa feliz. Agora, quando eu quero muuuito uma coisa, eu compro sem dó!

29) Sei tocar flauta! Não que de livre e espontânea vontade eu tenha procurado fazer aulas desse instrumento

tão diferente, mas foi uma das matérias obrigatórias na escola! hahaha

30) Se fosse pra morar em outro lugar, eu escolheria Dubai, nos Emirados Árabes. Lá tem de tudo: de deserto a praia, de camelos aos carros mais tops do planeta. Deve ser um lugar incrível!

Bônus: Eu não me considero um cara ciumento, a não ser que estejamos falando da minha mãe. Aí, meu amigo, a coisa pega! Hmmm, tem também a mesa do meu computador que eu detesto que mexam. Fora isso, sou de boas, eu juro! hahaha

Meu amor maior!

Responda com uma palavra:

	Jon	Você
Sorvete:	morango	
Próxima viagem:	Fiji	
Levo sempre comigo:	celular	
Signo:	virgem	
Frio ou calor:	calor	
Harry Potter ou Star Wars:	nenhum (me julguem!)	
Natal ou Ano-Novo:	Ano-Novo	
Chocolate preto ou branco:	branco	
Coxinha ou bolinha de queijo:	bolinha de queijo (mas não ligo muito pra nenhum!)	
Tênis ou chinelo:	tênis (mas eu queria escolher os dois!)	
Cinema ou televisão:	televisão (gosto de ficar em casa)	

Jon	Você
Gastar ou guardar: guardar	
Cachorro ou gato: cachorro (gato não dá muita moral!)	
Falar ou calar: falar	
Dia ou noite: dia	
Praia ou montanha: praia	
Uma cor: azul	
Nadar ou correr: nadar	
Açaí ou sorvete: açaí (é muito bom, né?)	
Arroz ou feijão: arroz	
Cantar ou dançar: dançar	
Ficar ou namorar: ficar	
Ler ou escrever: ler	

Jon	Você
Bater a foto ou sair na foto: sair	
Comer ou dormir: dormir (é bom demais, né?)	
Terror ou comédia: comédia (pra que sentir medo se você pode dar risada?)	
Você acredita em extraterreste: sim (seria muito prepotência achar que estamos sozinhos na Via Láctea)	
Skate ou bicicleta: bicicleta	

CAPÍTULO 13

ESTADOS UNIDOS

DE A A Z

O jeito de viver dos EUA você só vai descobrir na prática. Mas, para te ajudar a entender o *way of life* do lado de cá, preparei esse superglossário com algumas características interessantes da cultura norte-americana que são diferentes das brasileiras. Na verdade, acho que esse capítulo vai fazer de você quase um expert. **Cola aqui!**

A

Atletas:

Não existe país mais vitorioso que os EUA no ranking de medalhas olímpicas. Os americanos seguem praticamente isolados na primeira posição, com maior número de medalhas de ouro em toda a história dos jogos. O que acontece por aqui é que há muito incentivo para os atletas. Desde a escola, que possui uma estrutura incrível para galera praticar esportes, até as faculdades, **que dão bolsas de estudo excelentes para quem se destaca.** O incentivo à prática esportiva é tratado com muita importância nos EUA, pois acredita-se que ela ajuda no desempenho escolar como um todo. Alguém duvida disso? **#Brasilpodecopiar**

Armas de fogo:

O porte de armas é legalizado nos EUA. Pasmem: cerca de 40% dos americanos dizem ter uma arma em casa.

Arroto:

No Brasil é falta de educação, mas aqui os norte-americanos levam numa boa, sem neura. As pessoas pedem licença e liberam os gases em público, sem qualquer constrangimento.

Álcool:

Nos EUA, só pode começar a beber com 21 anos. Por aqui, a coisa é séria. As lojas e os bares pedem documentos e não vendem para menores. **Outra coisa bem diferente do Brasil: não se pode beber nas ruas!** Se você comprar bebidas em um mercado, por exemplo, a garrafa será entregue em uma embalagem escura, para que ninguém veja o que tem dentro.

B

Beijo:

Como eu já comentei com você, o povo norte-americano não é tão caloroso como o brasileiro. Essa informação já dá a deixa pra você imaginar que beijo por aqui é uma coisa mais restrita. **As pessoas não têm o costume de abraçar e beijar** na hora de se cumprimentar, por exemplo. O tradicional aperto de mãos é que domina as relações sociais por essas bandas.

C

Consumismo:

Aqui é o país do consumismo. As coisas são muito baratas e as pessoas têm o hábito de comprar, o que significa que muitos gastam mais do que o necessário. **Eles não costumam consertar coisas,** como acontece no Brasil. Se um eletrodoméstico quebrou, eles jogam no lixo e compram um novo para substituí-lo.

D

DIY:

Você já deve conhecer essa expressão que se tornou comum em tutoriais no YouTube: *do it yourself*, o que em bom português quer dizer: **faça você mesmo**. Isso é muito comum nos EUA (e em países europeus): eles se viram sozinhos, ou seja, cortam a própria grama, limpam a piscina, faxinam suas casas, cuidam das crianças etc... É muito raro que os americanos paguem para que alguém faça esses serviços, pois o custo disso é bem alto. Enquanto têm saúde, eles tentam dar conta do recado sozinhos.

E

Estados:

Aqui há 50 estados e um distrito federal. Diferentemente do Brasil, cada um desses estados pode regular a sua própria justiça. São as Constituições Estaduais que definem as leis e os impostos. Traduzindo, **cada estado tem suas próprias regras.** Tipo assim: em alguns estados existe pena de morte, em outros, não. Em alguns é possível estar armado em locais públicos, em outros, não.

Momento geografia: Houston é a cidade mais populosa do estado do Texas, cuja capital é Austin. Orlando, endereço da mansão Breakmen, fica na Flórida, que tem como capital Tallahassee.

F

Frentista:

Tá aí uma profissão em fase de extinção por aqui. Como você já deve ter visto em muitos filmes, nos EUA, **o motorista pode abastecer seu próprio carro.** Não se preocupe que o sistema é bem simples, não tem segredo. Tudo o que você precisa fazer é colocar seu cartão de crédito ou débito na bomba que vai abastecer seu carro e o combustível será liberado. Se preferir pagar em dinheiro, basta ir à loja de conveniência e acertar direto no caixa. A bomba vai soltar a quantidade de combustível referente ao valor que você pagou.

G

Gorjetas:

As "tips", como falamos por aqui, são parte obrigatória da vida norte-americana. **Pra tudo se dá gorjeta,** desde os motoristas de táxi até os garçons, todos estarão aguardando que você libere a grana. O valor geralmente varia de 10% a 20% do custo final, mas é claro que você pode ser mais generoso se você gostar muito do serviço, por exemplo. O que não pega bem é sair de fininho, sem pagar a taxa. Por aqui, **isso é considerado praticamente falta de educação do cliente.**

H

Halloween:

O dia das bruxas é uma das festas mais comemoradas nos EUA e acontece anualmente dia 31 de outubro. **A galera se dedica pra caramba pra enfeitar as casas e organizar fantasias maneiras para a grande noite.** É bem divertido! O comércio explora bastante a data: fantasias e abóboras (conhecidas por aqui como *Jack-o'-lantern*) podem ser encontradas em praticamente todas as lojas das cidades. E se engana quem pensa que essa é uma festa de criança! **Os mais crescidos também adoram se maquiar e se fantasiar** para curtir o Halloween com tudo o que tem direito: a maioria dos fantasiados são os próprios adultos!

Trick or treat? A famosa expressão "doce ou travessura" é o hino das crianças que passam de casa em casa na noite de Halloween pedindo balas e chocolates. É bom estar com o estoque de gostosuras em dia, afinal, ninguém quer testar o potencial travesso da molecada, né, não?

Impostos:

Parece pegadinha, mas não é: nos Estados Unidos, o valor dos produtos expostos nas lojas não é o valor final, como acontece no Brasil, mas, sim, o custo sem os impostos.

Em todas as lojas americanas, **as taxas são incluídas quando você passa no caixa.** A ideia é ser mais transparente com o consumidor, que sabe exatamente o quanto de impostos paga em cada item. Esse valor varia de cidade para cidade. Pra você ter uma ideia, em Houston a taxa é de 8,250%; em Orlando, 6,5%; e em Nova Iorque, 8,875%.

J

Jantar:

Mais um costume que soa estranho para os brasileiros. **Os americanos geralmente não comem comida no almoço.** Nessa hora, eles fazem apenas um lanche rápido. É no jantar que as famílias comem direito. Praticamente o oposto do que acontece no Brasil, confere? **O café da manhã também costuma ser bem caprichado:** ovos, bacon, linguiças, panquecas (com muito *maple syrup*), batatas e torradas, estão entre os itens que não podem faltar em um típico *breakfast* norte-americano. Claro que essa variedade toda você encontra em hotéis e bons restaurantes. No dia a dia, dentro de casa, a coisa costuma ser mais simples, mas mesmo assim, é uma refeição que se leva a sério!

K

Knowledge:

Também conhecido como "conhecimento" em bom português. Como você já sabe (porque eu comentei alguns capítulos atrás e você está lendo com muita atenção, certo?), **os EUA têm um ensino de excelência** e faculdades que se estão entre as melhores do mundo.

Por aqui, o conhecimento é muito valorizado, não apenas nesse universo acadêmico, mas no mercado de trabalho, que está sempre de portas abertas para profissionais qualificados. É muito comum que os melhores estudantes terminem o ensino superior com bons empregos em grandes empresas.

L

Lixo:

Eu sei... É bizarro falar de lixo bem no meio do livro, mas talvez essa você não saiba: a maioria dos banheiros não tem lixo para você jogar o papel higiênico, ele deve ser descartado dentro dos vasos sanitários. Se surgiu a dúvida **"será que não entope tudo?"**, já adianto que não! Os encanamentos são feitos para receber esses "restos", que costumam ser biodegradáveis. Tudo nos conformes!

A gente aqui também joga lixo na pia da cozinha! Isso porque quase todas as casas americanas possuem um triturador na pia. Cascas, vegetais e restos de comida costumam ir direto para o triturador. Mais uma vez, o encanamento é projetado para receber tudo isso. O melhor é que o lixo da cozinha fica praticamente vazio.

M

Moda:

Nos EUA ela é muito mais democrática: cada um se veste como quer e ninguém fica olhando torto. E o problema é de quem quiser julgar, porque a maioria dos americanos **não tá nem aí para o que os outros pensam da sua aparência.**

Você encontra pessoas de pijama no supermercado, de moletom em restaurantes, de roupas de ginástica nos shoppings etc. Chinelo é o calçado mais hipster do país, todo mundo usa, em todo lugar. E tá liberado combinar com meias, sim, senhor! **Cara, eu acho isso maravilhoso, tem coisa mais confortável no mundo?!** Só se for ficar pelado, vai! hahaha

N

Neve:

Clã, aqui faz frio, viu! Nos estados do centro e, especialmente, nos do norte do país, a temporada de neve é bem comum. Quando o inverno, que acontece nos meses de novembro a fevereiro, chega com força total, faz nevar até em estados do sul, como o Texas. Nas badaladas estações de ski, em novembro, já dá

pra curtir muita neve. **Eu confesso que só gosto da neve no primeiro dia.** Depois, vira uma sujeira só! E tem que ter muito cuidado. O certo é andar bem devagar nas ruas, senão o carro gira. Dificulta bem a vida, eu passo!

O

Outlets:

Tá aí uma coisa que realmente atrai os turistas: **os gigantescos outlets** que se espalham por todo o país. A atração é compreensível, os preços realmente são bem melhores. A maioria oferece mais de 100 lojas, para todos os estilos. **Não há lugar melhor para comprar roupas, sapatos, tênis e muito mais.** O único problema é estourar o limite do seu cartão de crédito! #ficadica

Chegue cedo! Os outlets são muito disputados. Para conseguir passear com um pouco de tranquilidade, deixe o sono de lado e vá logo que acordar. Quanto mais próximo do horário de abertura, melhor será sua experiência! Vai por mim! ☺

P

Patriotismo:

Se tem uma coisa que os americanos amam do fundo do coração, é o próprio país. Eles têm muito orgulho do lugar em que nasceram **e fazem questão de estampar esse sentimento em tudo quanto é canto.** Por todo

lugar a gente vê bandeiras — casas, carros, lojas... **É quase impossível você encontrar uma rua** que não tenha a bandeira pendurada em algum lugar.

Você já deve ter notado que, em quase todos os filmes norte-americanos, a bandeira dos EUA tremula em alguma cena. É desse amor que estou falando!

Quem espera sempre alcança (Good things come to those who wait):
Uma das coisas legais é perceber que assim como nós — **que somos brasileiros e não desistimos nunca** — os americanos também têm essa ideia sobre esperar e alcançar seus

objetivos. Acho que é sempre muito importante ter em mente nossos sonhos e batalhar para alcançar. **Esse lema vale levar pra vida!**

R

Refrigerante:

Tá aí mais uma paixão dos norte-americanos: eles são **viciados em refrigerante** e consomem como se fosse água. O *way of life* não ajuda: em quase todos os restaurantes fast-food do país, os refris são vendidos como refil. Isso quer dizer que você pode encher seu copo mais de uma vez, sem pagar nem um dólar a mais. **Claro que isso faz com que todo mundo beba mais refri.** Alguns estados já chegaram a pensar em maneiras de limitar a quantidade servida. Também, né?

S

STOP:

Tem que ter muito cuidado ao dirigir nos Estados Unidos. Se por um lado temos boas estradas, por outro, aqui rola um supercontrole nos limites de velocidade. Quem gosta de correr (preciso admitir que me enquadro nesse grupo) **precisa de atenção redobrada para não infringir as leis.** Vou comentar outros dois costumes no trânsito

que são bastante particulares:

1. TODO MUNDO para quando os ônibus escolares (aqueles amarelos que você já deve ter visto em filmes) estacionam para as crianças descerem. Os ônibus abrem uma placa lateral de STOP e, **obrigatoriamente, os carros aguardam que os estudantes atravessem em segurança** para só depois seguirem seu trajeto.

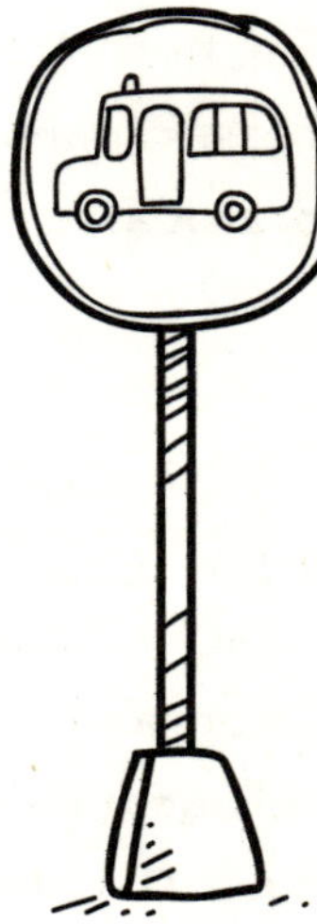

2. Mesmo com o sinal vermelho fechado, você pode virar à direita. Isso só não é permitido se o local tiver uma placa indicando **"No turn on red"** (não vire no vermelho).

T

Thanksgiving:

Isso é pura tradição! O famoso Dia de Ação de Graças é celebrado na quarta quinta-feira de novembro (a sexta seguinte é a Black Friday).

A data foi criada como agradecimento aos índios nativos pelo fim da colheita. **Hoje, o feriado é um dos momentos mais importantes do calendário norte-americano** e as pessoas fazem questão de estar com suas famílias, mais do que no Natal. Os aeroportos ficam lotados de gente que atravessa os céus para almoçar com a parentada – e não falta peru nessa comilança, tanto

que a data ganhou o apelido de *Turkey Day*. As famosas tortas de abóbora (*Pumpkin Pie*) completam a lista dos itens que não podem faltar em um Thanksgiving.

Outra tradição é a "*Macy's Thanksgiving Day Parade*", que acontece em Nova Iorque. O desfile passa na TV para o país inteiro e o ponto alto são **os gigantescos balões de personagens** que enlouquecem a criançada (e os adultos!).

U

Utopia:

Não, aqui não é um país perfeito (nem perto! #saudadesbrasil). A ideia do sonho americano de uma sociedade justa, na qual todo mundo tem as mesmas oportunidades ainda tá bem longe de acontecer (e, arrisco dizer, nada a ver com o modelo econômico atual).

Acredito que muita gente que vem para cá em busca de melhores condições de vida tem uma imagem fantasiosa de que, assim que pisar em solo americano, tudo vai dar certo.

É bom saber que esse **não é o País das Maravilhas.** Existe muita coisa que funciona pra caramba e faz a gente sentir orgulho de morar aqui, mas não se engane, pois as dificuldades também existem na terra do Tio Sam.

V

Violência:

Pra mim, essa é uma das melhores coisas em se viver nos EUA: **existe segurança.** Você não morre medo de ser assaltado nas ruas ou furtado em um shopping. Você pode ir à praia e deixar suas coisas na areia enquanto entra no mar que nenhum arrastão vai levá-las embora enquanto você pula algumas ondas.

Por outro lado (eu não disse que as coisas não são tão simples?), o país tem enfrentado ataques terroristas que assustam todo mundo. O Brasil, ainda bem, nunca precisou lidar com esse tipo de tragédia **(torcemos para que assim seja pra sempre, amém!).**

W

What you said, bro?

Tá pensando que só no Brasil tem gírias? Nada disso! Nos EUA também existem VÁRIAS! Algumas das mais famosas são: *whatever*, um equivalente para o nosso “tanto faz” e *what’s up*, o mesmo que nosso “e, aí, beleza?”.

Mas não pense que isso para por aí, com certeza você já deve ter ouvido várias outras em séries e filmes: *hang out* seria ficar de boas, chamar os amigos e fazer vários nadas, só passar um tempo; *my bad*, um jeito simples de dizer desculpa, enfim, existem VÁRIAS! Daria um capítulo só disso... Juro!

X

Xaveco:

Ok, essa palavra é bem velha, né? Mas não significa que isso ainda não aconteça. Apesar dos americanos serem mais "fechados", isso não quer dizer que não role azaração (opa, outra gíria do tempo da minha mãe por aqui! Hahaha). O que acontece é que a coisa é mais devagar. Não vai esperando beijar alguém antes mesmo de perguntar o nome tá? **Aqui as coisas seguem um ritmo mais lento,** mas elas acontecem!

Y

Yankees:

Escolhi essa palavra porque não consegui

pensar em nada melhor com Y para representar um dos esportes mais populares dos EUA: **o beisebol!** Desde cedo, a molecada tem contato com o jogo, que é praticado em quase todas as escolas. O time *New York Yankees*, conhecido apenas como "Yankees", é um dos maiores do país e já conta com mais de 100 anos de história.

Sempre conhecendo tradições!

Z

Zoeira:

Aqui não tem pra ninguém. Os EUA podem ter muitas vantagens, mas se o tema for diversão, **o brasileiro ganha de lavada.** Não que a vida por aqui seja chata, você deve ter visto nos meus vlogs na escola que a gente zoava pra caramba, mas fora isso, a vida social é mais monótona. **Ponto para o Brasil, definitivamente!**

Sua vez!

Tá achando que faltaram informações nesse superglossário? Veja bem, eu procurei as melhores, mas talvez você tenha alguma ideia muito original que passou despercebida. Vamos fazer o seguinte, como este livro é uma construção nossa, rabisca aí (com uma letra legível, por favor!) as palavras que você acha que seriam interessantes termos aqui. Depois, você posta nas redes com a tag **#LivroJonVlogs** pra eu ver. Quem sabe eu não gravo um vídeo com os melhores termos que vocês pensarem, hein?! Valendo!

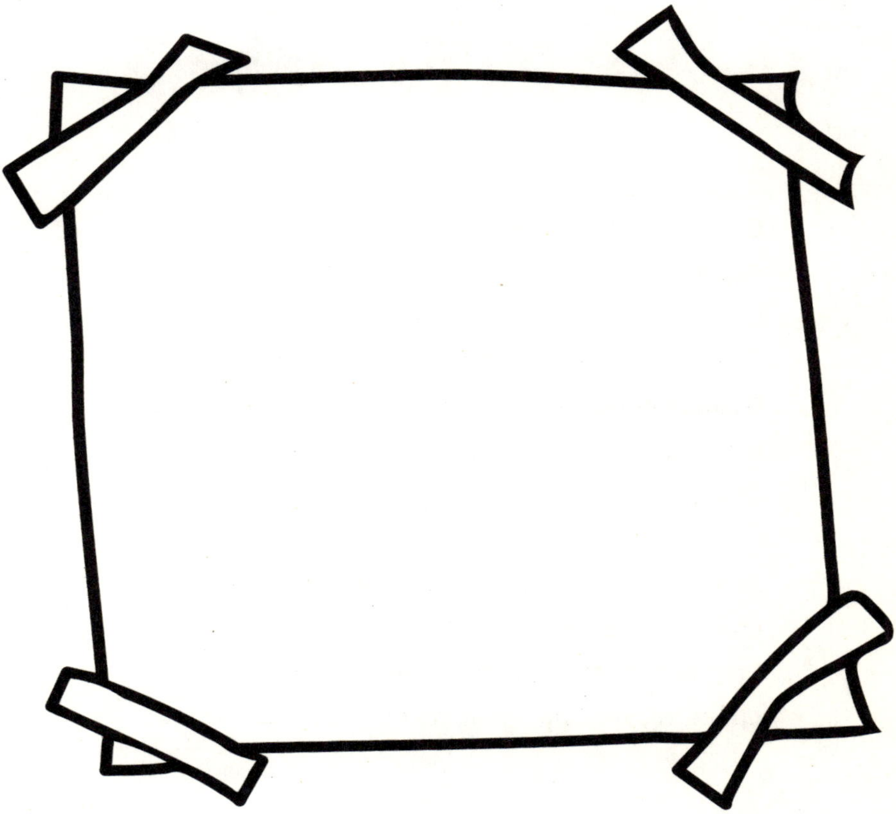

CAPÍTULO 14

10 VERDADES

E TRÊS MENTIRAS

1. Medo de avião

Eu não tinha! Comecei a ter do nada, depois de velho! Fui vendo vídeo de avião caindo e um monte de coisa sobre desastres aéreos... O meu problema é a turbulência. **Quando ele treme, me dá um gelo, coração bate mais depressa...** É uma doideira... Mas a gente tem que manter a calma, né?

Acho que quando a gente cresce, começa a entender melhor o funcionamento das coisas. Enquanto somos crianças, parece que tudo vai dar certo, você não imagina que pode dar errado!

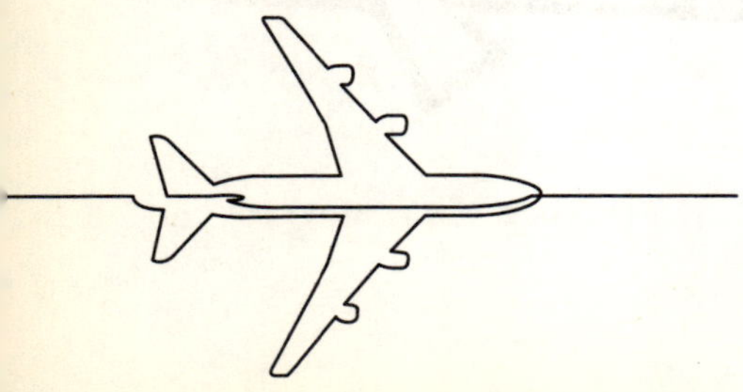

2. Tripofobia

Esse nome esquisito quer dizer fobia de padrões irregulares ou de agrupamento de pequenos buracos ou saliências. Descobri essa aversão uma vez em que as imagens viralizaram no Facebook. Eu olhava de boa até que certo dia me deu um piripaque. Meu coração disparou, minha cabeça foi a mil, meu corpo entrou em choque. O Paulo, que estava morando comigo em Houston, precisou correr e desligar meu computador! Eu estava em pânico, quase chorando já... **Só de falar sobre isso já começo a arrepiar.** É uma coisa irracional. Eu nunca acreditei muito em fobia, até eu ter que lidar com essa. É horrível.

Para ampliar o seu conhecimento: embora o termo seja popular na internet, as comunidades médicas e científicas não consideram que a "tripofobia" exista, argumentando que quase todas as pessoas sentem aversão a buracos em tecidos vivos, mas que não se trata de uma verdadeira fobia. Olha, se isso que eu sinto não for a definição mais profunda de fobia, Deus me livre de descobrir o que é! #rindodenervoso

3. Na cozinha

Um dia, ainda serei um bom cozinheiro, mas, **no momento, cozinhar não é meu ponto forte.** Sai mais barato comer fora todos os dias do que bancar minhas experiências culinárias. Acabo recorrendo ao fast-food, mas procuro opções menos industrializadas. Tem uma rede de

restaurantes mexicanos nessa pegada, que serve um pouco de tudo: arroz, feijão, frango... Ultimamente, tenho feito a maioria das minhas refeições por lá.

4. Praia

Tá aí mais uma coisa do Brasil que eu sinto falta. Houston fica a uma hora da praia e não estou falando de um mar que vale a visita. **Na verdade, é um lugar bem feio, com água suja...** Eu gosto de praia, praticava bodyboard no Brasil com o Paulo e adorava. O Rio de Janeiro tem praias maravilhosas, não é fácil competir com a Cidade Maravilhosa. ☺

Olha a desenvoltura do garoto, hahaha!

5. Fãs

Eu sempre tento dar o máximo de atenção, tirar foto com todo mundo, mas tem horas, em eventos principalmente, que eu preciso cumprir a agenda. É muito chato quando isso acontece... Eu fico tão chateado quanto a turma que não conseguiu ser atendida...

6. Novelas

Já comentei que, daqui a um tempo, eu gostaria de ampliar minha atuação na área do entretenimento e quem sabe participar de uma novela, certo? **O que eu não disse é que eu já tive essa chance quando criança!** Antes de vir para os EUA pela primeira vez, eu fui convidado para participar dos testes para o elenco de uma novela. Não consegui o tal papel, mas meses depois eles me chamaram para participar de uma minissérie. Como já havíamos nos mudado para os EUA, não deu certo...

Ainda vou fazer um filme!

7. Cirurgias

Só fiz uma cirurgia na vida. Eu tinha muita inflamação de garganta, então, tirei as amígdalas. Eu estava morrendo de medo de entrar no centro cirúrgico. **Sei lá, nunca tinha tomado anestesia na vida!** Vai que eu não acordo mais? Deu tudo certo, mas o pós-operatório foi horrível, uma semana só com sorvete, água e miojo bem frio... Depois, ainda fiquei quase dois meses engolindo com bastante dor. #puxado

8. Um tigre pra chamar de meu

Um dos meus sonhos mais doidos é ter um tigre de estimação. Aqui nos EUA isso é legalmente permitido. Mas você precisa comprovar que tem condições de comprar a quantidade de carne que eles comem por dia, que não é pequena!

9. Sonambulismo

Sou sonâmbulo. Uma vez, eu estava em um hotel em Foz do Iguaçu com minha mãe e meu padrasto e só lembro que acordei batendo na porta do quarto, fazendo xixi no chão e gritando “mãe!”. Depois descobrimos que eu andei pelo hotel inteiro sonâmbulo. **Fiquei com medo! Imagina se eu vou pra rua?** Acordei em frente à porta com uma sensação horrível, sem entender o que estava acontecendo.

Uma vez nos EUA, também dormindo, joguei todas as joias da minha mãe em cima da cama (poderia ter sido na privada, o que pioraria a situação!). Mas o que eu costumo fazer nesses momentos é xixi no chão. Ninguém merece, né?!

10. Star Wars

Eu não citei Star Wars como meu filme preferido porque a coisa é tão genial que não dá pra ser comparada. Sou superfã da saga, desses que já assistiu várias vezes cada um dos filmes, tem várias falas decoradas e não perde uma pré-estreia por na-da. **May the force be with you!**

11. Sou muito pão duro

Só compro se eu gosto muuuito ou se eu estou realmente

precisando da coisa. A turma da Breakmen me zoa muito por causa disso. Dia desses, os meninos ficaram me enchendo pra eu comprar uma câmera com microfone e um tripé. Não queria gastar 200 ou 300 dólares com isso, **a minha tava boa, oras!**

12. Falando nisso, namorar é uma coisa muito cara

Estava saindo com uma garota, um lance que eu considerava tranquilo, até que o fim do ano começou a se aproximar. Lá veio ela com um papinho de trocarmos presentes de Natal! Oi?

Não bastando essa ideia pouco interessante, ela começou a contar que desde criança **sonhava com uma bolsa que custava 2.700 dólares!** Eu disse que vou torcer pra um dia ela poder comprar porque eu é que não vou fazer uma coisa dessas! Ela jogou um verde, mas eu já estava esperto! Pra cima de mim, não!

13. Morro de vontade de ter filhos

Quero ser pai jovem, pra conseguir curtir bastante e ter uma relação de amizade, assim como minha mãe e eu temos. Espero ter realizado esse sonho até meus 25 anos.

Apuração:

E aí, as três alternativas falsas são (não vale espiar a resposta, hein?): ________

Bora conferir?

Alternativa 6: Até o momento, não fui convidado pra fazer uma novela, mas estamos na área, né?

Alternativa 10: Essa tava fácil, vai? Já tinha falado aqui.Não sou fã de Star Wars! Até assisti alguns filmes, mas pra ser bem sincero com você, não ligo nem um pouco!

Alternativa 13: Eu quero ter filhos, sim, mas em um futuro distante! Depois dos 35, quando eu já tiver curtido muito e estiver preparado para essa responsabilidade toda!

Confere aí!

Peraê... O item 7 você sabia que era verdade, né? Eu gravei um vlog com o pré e o pós-cirurgia para o canal. Se você quiser ver, ou melhor ainda, rever, basta usar o QR Code. Você já sabe que precisa ter baixado o app no seu celular ou tablet pra funcionar, certo?

Se preferir, é só digitar esse link aqui:
y2u.be/vIRFygc9Brs

CAPÍTULO 15

DE HOUSTON PARA ORLANDO

Depois de acabar o ensino médio em Houston, chegou a hora de embarcar em uma nova aventura, em um novo endereço! Como você já sabe (tá acompanhando os vídeos no canal, certo?) me mudei para Orlando, onde estou dividindo uma humilde residência — **#sqn** — com mais quatro youtubers. **Salve pra vocês, galera!**

Recapitulando um pouco, nosso QG recebeu o nome de **mansão BREAKMEN**, por conta do grupo Breakmen, criado pelo EduKof há muito tempo. Esse pessoal morava em uma casa em Londrina e resolveu passar um tempo nos EUA, em Orlando. Como a gente já se conhecia, eles me chamaram pra entrar nessa também. A ideia inicial é ficarmos um ano nessa república.

No começo, até fiquei um pouco preocupado, porque eu nunca tinha morado com um grupo de amigos, então não sabia como seria. Mas, depois, fiquei bem animado com tudo o que essa experiência poderia trazer, **todo mundo junto, gravando vídeos, fazendo o que gosta.** Topei na hora!

Mas o caminho para chegar até a Breakmen não foi tão simples como eu gostaria, a começar pela temida mudança.

Meu amigo, **mudança é uma coisa muito mais difícil do que parece.** Dá um trabalho absurdo!!! E sabe qual é a pior parte desse processo? **Encaixotar!** Você só vai descobrir o tanto de coisa que tem quando precisar colocar cada uma delas dentro de caixas.

Dá vontade de abandonar tudo e começar do zero. **Mas essa vontade passa depressa, imagina ter que comprar tudo de novo?** Talvez, encaixotar não seja tãooo ruim assim, vai? hahaha

Só sei que, de roupas a geladeira, eu tinha muuuita coisa pra levar pra mansão Breakmen. Então, três dias antes de pegar a estrada (pra que se organizar antes se você pode viver sob pressão, né? hahaha), comecei a parte pesada.

Passo 1: Alugar o caminhão e conseguir as caixas

Processo bem simples, sem maiores burocracias. **Tive um pequeno probleminha na hora de pegar as caixas** e derrubei uma placa que indicava o tamanho de cada uma... O dono da loja ficou pistola comigo! Comecei causando, já! hahaha

Passo 2: Colocar toda minha casa dentro das caixas

Eita, parte ruim, hein? Comecei pela cozinha que já havia tentado (sem muito sucesso) organizar. **Foram quatro caixas e uma tarde só aí!**

Passo 3: Levar as caixas para o caminhão

Depois de conseguir embalar toda uma vida, **chegou a hora de colocar tudo dentro do caminhão**. Pagar academia pra quê, né, não?

Passo 4: Dirigir o caminhão de Houston para Orlando

Sim, eu confesso que estava com um medinho, afinal, **estamos falando de um caminhão e de 15 horas de estrada!** Não dava pra fazer direto, então, foram dois dias na estrada, com paradas estratégicas para comer, dormir e

O que é que Orlando tem?

Orlando é uma cidade muito menor que Houston. Muito mesmo. Pra você ter uma ideia, enquanto Houston tem mais de dois milhões de habitantes, Orlando não chega aos 300 mil, sendo que quase 70 mil são brasileiros. Ou seja, a galera tupiniquim tá dominando a área! Isso traz muitas vantagens, especialmente para quem não está muito adaptado ao idioma: de imobiliárias a bancos, não é muito difícil ser atendido por um brasileiro. Mão na roda, né?

Orlando também é o melhor lugar para se matar a saudade da culinária brasileira. Da tapioca ao açaí, você consegue encontrar tudo. Tem mercado brasileiro, salão de beleza brasileiro, restaurante brasileiro, loja de 'importados' para brasileiros, calor (pior que o) brasileiro, e por aí vai.

Também há muitos turistas (incluindo mais brasileiros) por conta dos parques da Disney e cia. Ainda vamos explorar muito esses locais nos vlogs. Fique ligado!

resolver outras necessidades fisiológicas, se é que você me entende...

Olha, escrevendo assim, nem parece que deu tanto trabalho, né? **Mas eu garanto que o bagulho foi tenso.** Só quero registrar que eu não pretendo me mudar novamente tão cedo.

Além da experiência de dividir o espaço físico com os meus amigos, coisa que, como eu disse, nunca tinha feito antes, esse momento marca pra mim uma nova fase em termos de independência: a ideia é que agora eu pague sozinho minhas contas. **Obrigado por ter me trazido até aqui, mãe!** Essa conquista é nossa! ❤

Valeu, mãe!

CAPÍTULO 16

25 COISAS PARA FAZER ANTES DOS 25 ANOS

1) Dormir bem tarde e acordar mais tarde ainda

Nada como sair da cama às 14h, comer um pedaço de pizza amanhecida (ou já seria entardecida?) e **tirar mais um cochilo no sofá!**

2) Fazer uma viagem só com seus amigos

Depois, quando a turma estiver toda namorando, **a ideia de estar só entre amigos já era.** Além do mais, no futuro, conciliar as férias de todo mundo será uma missão quase impossível.

3) Comer fast-food e cia

Sem peso na consciência. Claro que não é pra gente viver de

porcarias, mas **vamos aproveitar enquanto o metabolismo tá fervendo** pra fugir da rotina, sem ter que malhar em dobro amanhã!

4) Falando em malhar...

Descubra um exercício físico que você goste de praticar. **Aproveite para tentar de tudo, de polo aquático a esgrima,** alguma coisa vai te conquistar. Aos 35, aposto que você vai me agradecer por esse conselho! 😉

5) Participar das excursões do seu colégio

Mesmo que a proposta pareça uma roubada, **embarque na aventura.** Os perrengues rendem as melhores histórias depois de uns tempos!

6) Adotar um corte de cabelo radical

...ou uma cor nada a ver. Fica mais difícil curtir essas extravagâncias quando se tem um **emprego de gente grande,** né, não?

7) Pedir dinheiro para os pais

Ficar dependendo deles pra sempre não rola, né? Cadê a independência?

8) Usar uma camiseta surrada...

...e uma calça rasgada, e se sentir "o cara".

9) Dar uma festa irada e registrar tudo com o celular

As fotos bizarras de hoje são a alegria dos reencontros com seus brothers amanhã.

10) Trollar seu amigo de uma forma inesquecível

Pensando bem, isso é tão divertido que **vamos continuar fazendo depois dos 25,** com certeza!

11) Formar uma banda

Ou, pelo menos, **aprender a tocar algum instrumento musical**. Quanto mais tempo você esperar pra começar, menos disposição você vai ter!

12) Correr atrás dos seus sonhos mais loucos

Comece cedo para que isso se torne um hábito de vida! **Sempre é tempo de fazer acontecer!**

13) Mover mundos e fundos para ficar com aquela pessoa que te faz sonhar acordado

Aproveite esse pique pra correr atrás!

14) Ir a uma festa de 15 anos de penetra

Nem só de atitudes politicamente corretas se faz uma boa história pra contar!

15) Experimentar comidas esquisitas

Mesmo que seja pra falar que você não gostou!

16) Assistir ao show da sua banda preferida

Uma experiência sensacional dessas não pode demorar muito tempo pra acontecer!

17) Ir ao estádio

E torcer para o seu time do coração a plenos pulmões.

18) Acampar

Reúna a turma e vá passar um fim de semana em meio à natureza — lembre-se apenas de **escolher um local seguro,** com estrutura adequada para essa aventura.

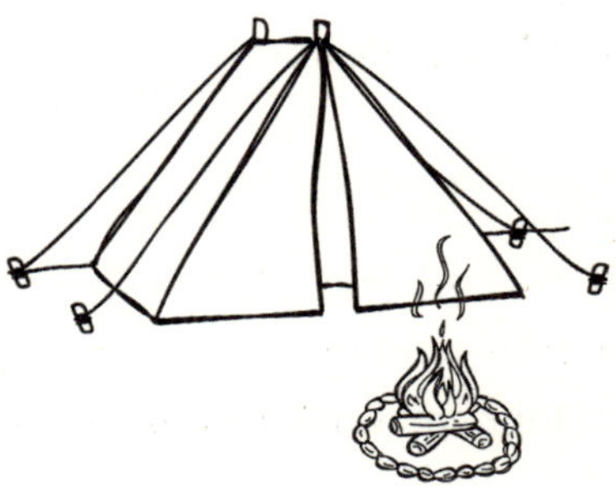

19) Investir em uma coleção.

Elas guardam histórias incríveis que vão muito além dos objetos. E não ache que você precisa de muito dinheiro pra curtir esse hobby. Valem selos, chaveiros, latas de refri etc.

20) Fazer uma maratona de games

E virar a noite jogando sozinho ou com seus amigos. Melhor que isso, **faça sozinho e faça com a turma**. A diversão está garantida nos dois casos!

21) Quebrar a cara

Muita calma nessa hora... Eu não estou te aconselhando a experimentar uma contusão facial! hahaha. A ideia aqui é correr riscos. **Mergulhe de cabeça naquilo que você acredita que pode dar certo.** Se o resultado não for o esperado, você tem a chance de aprender com seus erros e, melhor que isso, tem tempo para consertá-los!

22) Maratonar suas séries preferidas

Se jogue no sofá, faça baldes de pipoca e passe o dia na companhia dos seus personagens mais queridos. Sem hora pra acabar, **sem ter que se preocupar com nada além de dar o play.** Pode ser a dois, com um grupo de amigos ou na excelente companhia de você mesmo.

23) Aprender a cozinhar

Acredite, essa é uma habilidade que faz diferença no futuro. Na hora de se virar sozinho, **mandar bem na cozinha é**

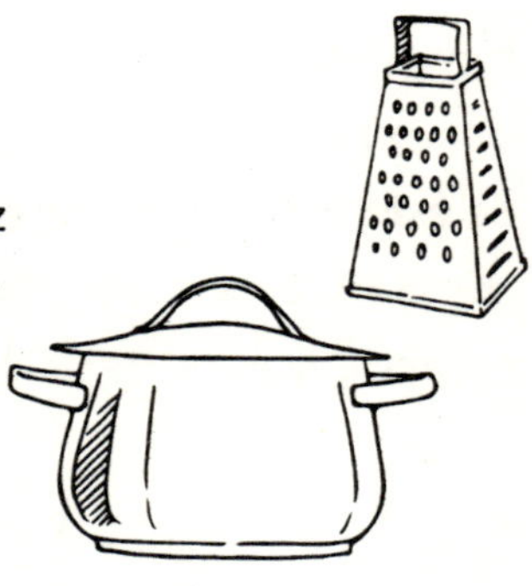

quase um privilégio. Então, aprenda com calma enquanto você tem tempo! #tamojunto

24) Tomar um banho de chuva

Reza a lenda que lava a alma, né? Pelo sim ou pelo não, vale a experiência. **A sensação de liberdade é real e faz um bem danado!**

25) Dançar como se ninguém estivesse te olhando

Desencane do mundo, do que as pessoas vão pensar, esqueça que você é desengonçado pra caramba e nunca acerta um passo. **Dance como se o mundo fosse acabar,** mesmo que você tenha certeza de que não sabe dançar!

Cápsula do tempo

E aí, já pensou em itens que eu deixei de fora dessa lista e que você quer realizar até os seus 25 anos? Tem muita coisa, né? Então, chegamos a mais um desafio: que tal você escrever hoje uma carta pra você mesmo, que só poderá ser aberta quando você bater nos 25? Escreva os sonhos que você quer realizar até lá, descreva como você espera estar, as lições que deseja ter aprendido... Quer saber? Vamos fazer melhor do que isso! **Que tal construirmos uma cápsula do tempo, onde vamos depositar planos e lembranças?** Diz que sim?! Calma aí que vou te explicar como isso funciona — é muito maneiro!

Apesar do nome parecer complicado, sua cápsula do tempo pode ser tão simples como uma caixa de sapatos cheia de coisas guardadas (ou mesmo esquecidas) por muito tempo em uma prateleira alta de armário.

Cápsulas do tempo podem ter que durar muitos anos, tipo, se você tem 10 anos hoje, a sua deve ficar guardada pelos próximos 15. Neste caso, um recipiente mais resistente pode ser necessário. Vamos discutir isso daqui a pouco!

Antes de começar, lembre-se de que esse projeto **é uma viagem para futuro e uma volta ao passado** (quando chegar a hora de abrir!). É quase como um teletransporte — acho que, por enquanto, é o mais perto que podemos chegar disso aí!

Então, vamos ao nosso curso express de como preparar uma cápsula do tempo!

1. Escolha uma duração para a sua cápsula do tempo

Minha sugestão é que você abra aos 25 anos, mas, se quiser, você pode guardá-la por mais tempo.

2. Decida onde você vai escondê-la

Enterrar pode não ser a melhor escolha, por várias razões. É muito provável que ela seja esquecida, se perca ou estrague. **Optar por um local mais simples aumenta bastante a segurança.** Mas, se você realmente quiser guardar embaixo da terra, vá em frente — **nesse caso, atenção especial ao próximo passo!** 😉

3. Selecione um recipiente

Duas coisas que precisam ser levadas em conta: tamanho e durabilidade. Pense em **quantos objetos** você pretende guardar na cápsula e no **local** em que ela vai ficar.

Como comentamos algumas linhas acima: se você quiser deixá-la em casa, dentro de um armário ou gaveta, uma caixa de papelão é suficiente. Agora, se a ideia for escondê-la na natureza selvagem, **escolha opções mais resistentes,** que sobrevivam ao tempo. A umidade é uma das principais inimigas dessa proposta, beleza? Sacos resistentes serão fundamentais para o sucesso da missão!

4. Separe os objetos que serão colocados na sua cápsula do tempo

Escolha coisas que tenham a ver com o seu momento atual. Nada de grande valor econômico, **mas de enorme valor**

sentimental. Aqui valem recortes de jornais e revistas que tragam informações importantes para esse momento ou, melhor ainda, especiais para você.

Outras sugestões que podem fazer sentido:

- Fotografias de momentos únicos com pessoas queridas;

- Brinquedos ou games que você curte pra caramba (nesse caso, você pode guardar só as embalagens, porque ninguém merece passar tanto longe das suas coisas favoritas);

- Falando em embalagens, aproveite para guardar as de suas bebidas e alimentos preferidos. É legal guardar com os preços também! Pode apostar que, no futuro, tudo vai parecer beeem barato! hahaha

- Mensagens para seus amigos, cartas de amor, bilhetes com zoeiras que rolaram na escola ou uma prova em que você mandou bem pra caramba.

- Uma carta para si mesmo, contando os sonhos que você pretende ter realizado nesse tempo em que sua cápsula esteve escondida. Pra facilitar esse processo, na próxima página tem uma **enquete pra você responder e depois guardar.**

Carta para o meu eu aos 25 anos.

Escrita em ________________________
(coloque a data atual aqui)

Aos 25 anos, eu desejo...

1. Estar ostentando o status de...
( ) ... solteiro, curtindo a vida adoidado
( ) ... namorando alguém que acelere meu coração
( ) ... casado e muito feliz!

2. Eu pretendo estar trabalhando com:

3. Lugares que eu quero ter conhecido:

4. Um sonho que eu espero ter realizado:

5. Um lema que eu não desejo ter esquecido:

6. Amizades que eu espero que tenham crescido:

7. Três pessoas que eu desejo que estejam ao meu lado:

8. Um sonho de consumo que eu espero ter realizado:

9. Um medo que eu gostaria de ter superado:

10. Uma característica que eu espero ter melhorado:

11. Um show que eu gostaria de ter assistido:

12. Uma habilidade que eu quero ter conquistado:

13. Um vício ou hábito ruim que eu espero ter abandonado:

14. Um idioma que eu gostaria de ter aprendido:

15. Um livro que eu desejo ter lido:

16. Um esporte que eu gostaria de ter praticado:

17. Uma comida (ou novo sabor) que eu quero ter experimentado:

18. Uma aventura que eu desejo já ter vivido:

19: Como eu gostaria de me destacar:

20. E, por fim, espero que o mundo esteja mais:

5. Hora de lacrar e guardar!

Registre por fora da cápsula a data em que ela deve ser aberta. **Para que você não se esqueça desse compromisso, vale deixar um lembrete no celular.** Você pode fazer um tipo de contagem regressiva, para que todo ano, no dia definido, você receba um aviso de quanto tempo falta para que sua cápsula seja revelada.

Agora, posso te pedir uma coisa? Antes de guardar sua cápsula, tire uma foto pra eu ver isso aí? É só postar nas redes sociais usando **#LivroJonVlogs.** Quem sabe eu não me animo e gravo um vlog preparando a minha cápsula, hein? #valendo

CAPÍTULO 17

SUPER DESAFIOS

Estamos chegando à reta final dessa nossa missão literária e, antes de nos despedirmos, preparei um último desafio pra você descobrir se, quando o assunto é Jon Vlogs, você tá tirando onda! Eu acho que se você leu tudo com atenção, você vai se sair bem, mas já vou adiantando que **dessa vez eu não peguei muito leve, não.** Preparado pra encarar? Vem comigo!

1. *Vamos começar com uma fácil. Como se chamam as duas das pessoas mais importantes da minha vida, minha mãe e meu avô?*

a) Gabriela e Miguel
b) Danielle e Vitor
c) Juliana e Antônio

2. *Meu primeiro animal de estimação foi um cachorro da raça:*

a) Buldogue
b) Golden Retriever
c) Beagle

3. *De qual desses lugares eu nunca fui expulso?*

a) Walmart
b) Ferrari
c) McDonald's

4. *Em que país eu morei antes de voltar para o Brasil, aos 12 anos?*

a) Japão
b) Canadá
c) Coreia do Sul

5. *Qual dessas experiências não está registrada no vlog?*

a) Provando refrigerantes de um dólar
b) Sobrevivendo nos EUA com um dólar
c) Comprando presentes com um dólar

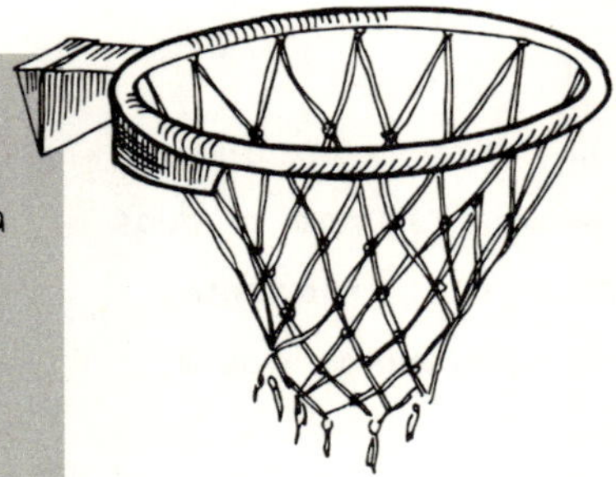

6. Em abril de 2017, quando eu estava em Nova Iorque, desafiei o Portuga no basquete. Qual foi o resultado dessa disputa?

a) Eu ganhei, claro!
b) O Portuga venceu ☹
c) Empatamos no número de pontos

Resposta aqui:
y2u.be/qDmYh0iRnuQ

7. Para a virada do ano (de 2016 para 2017) quis mudar o visual. Para isso eu...

a) Platinei o cabelo
b) Fiz um corte moicano
c) Pintei meu cabelo de azul

Resposta aqui:
y2u.be/eTXPphQ3IDI

8. Meu primeiro carro foi um:

a) Mustang
b) Cadillac
c) Maserati

Resposta aqui:
y2u.be/h_0ww9eVavc

9. Fui trollado por um dos meus amigos e encontrei qual desses bichos dentro do meu carro?

a) Baratas!
b) Vários sapos
c) Uma cobra

Resposta aqui:
y2u.be/izGfAnnFRTc

10. O vídeo mais assistido do canal é uma trollagem que fiz com um dos meus amigos, enquanto estava de férias no Brasil. Ele estava dormindo em um colchão inflável e foi acordado dentro da piscina! A pergunta é: quem foi minha vítima nesse vlog?

a) Afreim
b) Paulo Costa
c) Maycon

Resposta aqui:
y2u.be/KVY3fhSL6Sw

11. Falando em trollagens, um dos vídeos mais divertidos de gravar foi uma dessas brincadeiras que eu fiz com ninguém menos do que minha mãe. O que foi que eu fiz?

a) Coloquei uma aranha de borracha em sua bolsa nova
b) Enchi o carro dela com 10 mil marshmallows
c) Inventei que seria deportado para o Brasil

Resposta aqui:
y2u.be/4fg-gxr3CZ0

Eu acertei ____ perguntas!

Apuração!

Bora descobrir quantos pontos você acertou nessa brincadeira!

1-b / 2-a / 3-c / 4-c / 5-c

Para descobrir as respostas das outras questões, você precisa usar os links que estão em cada uma delas. Posso pedir um favor? Aproveita e deixa seu like, vai?!

RESULTADO

Até 4 acertos: Membro

Mano, tá feia a coisa para o seu lado, hein? hahaha. Brincadeiras à parte, imagino que você tenha chegado recentemente à nossa família Jon Vlogs, por isso esse desafio ficou difícil. Mas não se preocupe com isso. Depois de ler todo este livro, você está apto a alcançar uma posição mais alta dentro do nosso clã! Parabéns, você foi promovido!

De 5 a 7 acertos: Ancião

Cara, mandou bem, hein? Esse resultado mostra que estamos juntos há bastante tempo e que você acompanha com dedicação os vlogs do canal. Tá de parabéns! Espero que você tenha curtido essa brincadeira e aproveitado para rever seus vídeos preferidos. Você é fã de carteirinha e sua presença faz toda a diferença dentro do clã. Valeu!

8 acertos ou mais: Líder

Caraca, meu irmão, você tá sabendo mais do canal do que eu mesmo! Assim eu morro de orgulho! hahaha. Só posso agradecer todo o carinho e tempo que você dedicou aos meus vlogs. Saber que existem pessoas tão interessadas como você é o que me motiva a produzir sempre mais e melhor. Obrigado por isso! #tamojunto

DESEMBARQUE!

E aqui chegamos ao fim do nosso primeiro livro. Eu espero que você tenha se divertido muito com essa leitura, que tenha refletido, aprendido, enfim, que tenha sido tão legal pra você como foi pra mim!

Quero que você saiba que cada um desses capítulos foi pensado com muito cuidado e carinho. E não poderia ser diferente, porque você é a razão disso tudo! **Então, o mínimo que posso oferecer é o meu melhor!**

Mas não vamos ficar tristes porque acabou (eu sei, é difícil, eu também queria mais! hahaha) porque eu te garanto, vem muito mais por aí! Nossa jornada está só começando!

Então, fique ligado no canal (notificações ativadas, confere?) e nas minhas redes sociais pra não perder nenhuma das novidades. **Eu espero que a gente ainda converse muito sobre este livro!**

Estou esperando seus comentários, fotos e tags. Não me decepcione, hein? Hahaha.

Posso terminar com um último pedido? Poste uma foto sua com o seu mais novo livro preferido (entenda-se, este aqui!). Não se esqueça de usar a hashtag **#LivroJonVlogs**, beleza?

Então, fico te esperando para trocarmos ideias. Você sabe onde me encontrar, certo?

- ✓ INSTA: @jonvlogs
- ✓ FACE: https://www.facebook.com/jonvlogsoficial
- ✓ Twitter: @jonvlogs
- ✓ SNAP: lkovarik
- ✓ YOUTUBE: Jonvlogs

Muito obrigado pela companhia e parceria! **É nóis, catioro!**

Jon Vlogs

Primeira edição (março/2018) • Primeira reimpressão
Papel de Capa Cartão Triplex 250g
Papel de Miolo Offwhite Lux Cream 70g
Tipografias Signika Negative e Kalam
Gráfica Grafilar